KREUZ

STEIN

Für

Jette
Magdalena
und Iris

Hans-Helmut Bayer

SonntagsGedanken

...für den Alltag

Eine Auswahl von 2016 bis 2018

Bibliographische Information der Deutschen Nationalbibliothek:

Die Deutsche Nationalbibliothek verzeichnet diese Publikation in der Deutschen Nationalbibliothek, detaillierte bibliografische Daten sind im Internet über http://dnb.dnb.de abrufbar.

Cover: „Ostern 2016", Acryl, Kathrin Bayer-Stude

Herstellung und Verlag: BoD – Books on Demand, Norderstedt.

ISBN: 9783748157878

Vorwort

„Lassen Sie es jetzt Sonntag für sich werden!
Eine gesegnete, friedliche Woche!"

Mit diesem Segensgruß schlossen von September 2016 bis Dezember 2018 jede Woche die „SonntagsGedanken" in der Bayreuther Sonntagszeitung.

Den Sonntag in das Leben holen, in den Alltag, das war das Anliegen dieser Kolumne. Die täglichen Herausforderungen aus einem sonntäglichen, also geistlichen Blickwinkel sehen und bewerten, manche gesellschaftliche und politische Situation oder Zumutung mit einer klaren, meist fröhlichen, christlichen Grundaussage kontern, gegen die Lethargie und Müdigkeit der Woche ein frisches Sonntagswort setzen, gegen Sorge und Angst, ja manchmal sogar Todesangst die Hoffnung des Glaubens und die Kraft der Liebe proklamieren. Das war die Aufgabe und die Absicht dieser „Kurzpredigten" in einer Wochenzeitung, die als Anzeigenblatt auf vielen tausend Frühstückstischen in der Region Bayreuth jeden Sonntag die erste Lektüre ist.

Für viele wurden die „SonntagsGedanken" zu geistlichen Leitworten für die Woche, führten häufig zu Aha-Erlebnissen und mancher begriff sie auch als „Anleitung zum Christsein" im 21. Jahrhundert."

Vielfachem Wunsch folgend präsentiert dieses Buch nocheinmal eine Auswahl von mehr als 100 leicht bearbeiteten „SonntagsGedanken". Möge ihre Lektüre allen Leserinnen und Lesern zu einem Sonntagserlebnis im Alltag werden.

Bayreuth, an Silvester 2018   *Hans-Helmut Bayer*

2016

Burka-Verbot

Also, das Gesicht verstecken, das geht nun gar nicht! Die Diskussionen um das sogenannte Vermummungsverbot vor gut dreißig Jahren habe ich noch gut im Gedächtnis: Jeder, der in der Öffentlichkeit, also etwa auf einer Demonstration seine Meinung kundtun will, der soll sich auch zeigen, soll dazu stehen, sich nicht verhüllen und unkenntlich machen dürfen. So weit so richtig. Soweit meine Meinung auch zum derzeit so heiß diskutierten „Burka-Verbot". Ich möchte schon wenigstens das Gesicht meines Gegenübers sehen können. Aber braucht man dazu gleich ein Gesetz? Und wie viele Frauen tragen bei uns überhaupt eine Burka?

Vor ein paar Jahren stand mal so eine Dame in Ganzkörperverhüllung neben mir am Hähnchenstand und fragte in breitestem Fränkisch ihr Kind „Mochst du a Brezel?" Ganz offensichtlich keine Araberin. Danach habe ich bei uns in Bayreuth nie wieder eine Burka gesehen. Und eigentlich kann es mir doch auch egal sein. Soll ich mich jetzt über ein Kopftuch aufregen? Über einen Hidschab oder Niqab? Wer von uns kennt schon den Unterschied?

Ich rege mich doch auch nicht auf über die junge Frau mit den orange gefärbten Haaren, oder über ihre gepiercten Ohren, Augenbrauen, Lippen, Zunge. Und ihren langen schwarzen Mantel. Oder über den jungen Mann, dem das grellbunte Tattoo aus dem Kragen heraus über den rasierten Schädel wächst. Oder über den Typen mit der reichdekorierten Motorradrocker-Kutte. Oder über die junge Mutti, die an einem heißen Tag im denkbar knappsten Bikini den Kinderwagen die Friedrichstraße entlang schiebt, oder, oder, oder.

Inzwischen ist es ja bei uns, Gott sei Dank, „normal verschieden zu sein." So hat es Bundespräsident Richard von Weizsäcker schon 1993 sehr treffend formuliert. Die Toleranz hatte seitdem meiner Beobachtung nach eher zugenommen. Was die Leute auf einmal alles tragen konnten! Aber heute ändert sich das plötzlich, leider. Auf einmal sieht man gleich das ganze Abendland bedroht durch ein Stück Tuch. In Frankreich zwingen gleich vier Polizisten eine Frau am Strand dazu einen Großteil ihrer Kleidung abzulegen. Immer diese Bedrohungen aber auch! Ich weiß noch, wie bedroht das Abendland war, als wir uns seinerzeit die Haare haben länger wachsen lassen.

Nein, weder ein Kopftuch ist eine Bedrohung für uns, noch seine Trägerin, ob sie nun Muslimin ist oder nicht, Deutsche, oder Iranerin, oder Türkin oder Syrerin oder was auch immer. Noch einmal, bei uns gilt:

ES IST NORMAL VERSCHIEDEN ZU SEIN.

Und das ist gut so, und dass das so sein kann, das garantiert bei uns das Grundgesetz.

Haben wir nicht damals im Religionsunterricht oder im Kindergottesdienst das Lied gelernt: „Schwarze, Weiße, Rote, Gelbe, - Gott hat sie alle lieb!" So ist es! Gott macht keine Unterschiede.

Was glauben wir denn, wer wir sind, wenn wir wieder damit anfangen Unterschiede zu machen?

Erntedankfest 2016

Sind Sie leicht zu beschenken? Oder gehören Sie zu denen, die sich gerne lange zieren und winden? Die Bayreuther sagen ja oft als Ausdruck höchster Dankbarkeit: *„Des hädds fei ned gebraucht!"* Mein Verdacht ist, dass es ihnen peinlich ist „Danke" zu sagen, weil sie den Dank als das Abtragen einer Schuld empfinden. Wer will schon Dank schuldig sein? Gerade deshalb ist der heutige Festtag so wichtig. Das Erntedankfest bietet Gelegenheit ganz „unschuldig" den Dank für die Lebensernte dieses letzten Jahres abzustatten. Etwa den Dank dafür, dass wir jeden Tag wieder neu die Augen aufschlagen durften. Jemand, der in diesem Jahr betroffen war durch eigene schwere Krankheit oder durch den Tod eines lieben Mitmenschen, der weiß, dass das nicht selbstverständlich ist. Unser Leben, immer noch in Sicherheit, Freiheit und Wohlstand, es ist ja nichts anderes als ein unglaubliches Geschenk, oder? Was für ein Grund also „Danke" zu sagen! Doch, doch, *„Des hodd's fei scho gebraucht!"*

Nun kann Danken deshalb auch nie nur eine Lippenangelegenheit sein, sondern findet seinen Ausdruck immer auch im Teilen. Symbol dafür sind die Erntegaben, mit denen unsere Kirchen heute geschmückt sind. Sie bleiben dort ja nicht liegen, sondern werden an Bedürftige weiter verteilt. Man kann vieles teilen. Man kann ein Lächeln verschenken oder ein freundliches Wort. Man kann Zeit verschenken an einen Menschen, der schon lange auf meinen Besuch wartet. Man kann Geld spenden für Menschen, die nicht so viel zum Leben haben wie wir. Es heißt nicht ohne Grund: „Geteiltes Leid ist halbes Leid, geteilte Freude ist doppelte Freude." Das gelingt uns ja auch. Ab und zu wenigstens.

Ich denke etwa an die beeindruckenden Spenden bei den Flutkatastrophen der letzten Jahre. Aber muss es denn immer erst eine richtige Katastrophe sein? Warum sind wir nicht immer so freigebig und teilen mit warmem Herzen? Manch einer hortet seine Schätze, und weiß gar nicht so genau, wozu.

Da beklagt sich ein reicher Mann bei seinem Freund: „Die Menschen mögen mich nicht, sie nennen mich geizig und habsüchtig; dabei habe ich doch in meinem Testament mein ganzes Vermögen einer wohltätigen Stiftung vermacht." Der Freund antwortet ihm: „Kennst du die Geschichte von der Kuh und dem Schwein?

Das Schwein kam zur Kuh und jammerte: Die Menschen sprechen immer nur über deine Freundlichkeit. Zugegeben, du gibst Milch! Doch von mir haben sie doch viel mehr: Schinken, Speck, Borsten. Und selbst meine Füße verspeisen sie. Und doch hat mich niemand gern. Für alle bin ich bloß ein Schwein. Warum?

Die Kuh dachte einen Augenblick nach und sagte dann: „Vielleicht ist das so, weil ich gebe, während ich noch lebe.'"

Also: Wir sollen lieber mit warmen als mit kalten Händen geben. Freuen wir uns, dass wir leben dürfen, dass wir danken können und vergessen wir nicht, die Fülle, aus der wir leben, zu teilen. Mit den Menschen an unserer Seite, aber vielleicht auch mit denen, die uns noch fremd sind?

Dann wird der heutige Tag auf alle Fälle ein Fest!

9.10.2016

Der Herbst, die Freiheit und Janis Joplin

„Freedom´s just another word for nothing left to loose", Freiheit ist, wenn man nichts mehr zu verlieren hat.

Diese Zeilen aus Janis Joplins Lied „Me and Bobby McGee" sind mir diese Woche wieder in den Sinn gekommen. Darin beschreibt sie, wie sie mit Bobby McGee durch die Lande zieht. Aber irgendwie verliert sie ihn aus den Augen, dann sehnt sich nach der Zeit zurück, als die beiden, mit nichts in den Taschen, einfach frei losziehen konnten. Aber als Janis Joplin dies sang, war sie alles andere als frei, sie war von Alkohol und Drogen abhängig. Am 4. Oktober 1970 starb sie an einer Überdosis Heroin, wenige Tage, nachdem sie dieses Lied im Studio eingesungen hatte. Janis Joplin hatte also doch noch was zu verlieren, - ihr Leben.

Im Leben geht es trotz allem Idealismus nicht nur um Freiheit, sondern auch um Besitzen, da sollten wir uns nichts vormachen. Die Kernfrage ist: Wem gehöre ich, wem gehört mein Leben? Als Christ sage ich: Wir gehören nicht unseren Eltern, nicht dem Staat, nicht unserem Arbeitgeber, auch nicht unserem Ehe- oder Lebenspartner. Wir gehören nicht einmal uns selbst, - wir gehören Gott!

Das klingt fast nach Sklaverei, - und ist doch eine ungeheure Freiheit! Kein Mensch und keine Institution haben das Recht, mich zu besitzen. Und auch umgekehrt: Ich darf niemanden besitzen und niemanden beherrschen wollen. Diese Freiheit ist übrigens auch einer dieser abendländischen Werte, von denen in diesen Tagen so oft die Rede ist.

Wer schon einmal einen geliebten Menschen begraben musste, der weiß, dass es so ist: Wir besitzen eigentlich nichts. Auch keine Menschen, nicht einmal die liebsten Menschen. Sie sind uns nur auf Zeit geschenkt, und diese Zeit ist kurz! Der Wechsel der Jahreszeiten, der anbrechende Herbst macht uns das jetzt wieder deutlich. Er zeigt uns die Endlichkeit von Welt und Mensch. Und wie wertvoll daher Welt und Menschen sind!

Wie wertvoll unsere Welt hier in Deutschland ist, das ist mir am Montag, am Tag der Deutschen Einheit wieder klargeworden. Die Krakeeler von Dresden, die den Festakt zur Einheitsfeier in der Semperoper störten, hätten ihr Theater mal in Moskau oder Istanbul aufführen sollen. Dann hätten sie begriffen, was sie an unserem Deutschland, an unserer Freiheit, an unserer Demokratie haben. Dazu gehört auch die Freiheit zu krakeelen, und wir halten es als Demokraten verärgert aber geduldig aus.

Unsere Zeit, unsere Lebenszeit ist kurz, - wir sollten das Beste daraus machen: *Freedom´s just another word for nothing left to lose.*

Die Menschen, denen ich in meiner Lebenszeit begegne, gehören mir nicht, auch nicht die Menschen, die ich liebe - gerade deshalb kann ich sie leidenschaftlich lieben, voller Achtung vor ihrer Freiheit. Und umgekehrt kann ich die Achtung meiner Freiheit einfordern.

Wir haben viel zu verlieren.

Und viel zu gewinnen, - auf Erden und im Himmel!

16.10.2016

Wer zu spät kommt, oder Sonntag im Alltag

Manchem ging es in dieser Woche wie mir: Er oder sie hat sich geärgert. Jetzt ist der Sommer rum und die Landesgartenschau auch und ich bin mit meiner Dauerkarte viel zu selten hingegangen. Jedes Mal, wenn ich da war, war es doch toll! Das eigentliche Geheimnis der Landesgartenschau war nämlich die Unterbrechung des Alltags. Mit ihrem Motto „Musik für die Augen" hat sie aus jedem Besuch einen Sonntagsausflug werden lassen. Schade also, jetzt ist es vorbei und kein versäumter Besuch kann nachgeholt werden.

Das ist ja so ein Lebensgeheimnis, das die Jungen instinktiv spüren und die Alten leider oft vergessen: Die Unterbrechungen machen das Leben spannend! Die Unterschiede machen es erst lebendig. Die Pausen vom Alltagstrott. Aber die muss man auch bewusst wahrnehmen. Deshalb war es gut, dass es einen Zaun um die Landesgartenschau gab. Man betrat das große Gelände mit der „Musik für die Augen" durch das Tor, die „Ouvertüre" und plötzlich war man in einer anderen Welt. Der Unterschied zum Draußen war zu greifen.

Den Sonntag in den Alltag holen: Auf der Landesgartenschau wurde man daran auch erinnert durch den „Weg des Lebens" oder durch den Besuch des „Oratoriums". Vielen wird die „Viertelpause", diese kurze geistliche Besinnung an den Nachmittagen jetzt fehlen.

Möglicherweise ist das ja eine Nachwirkung dieses Sommers in der Mainaue, dass wir uns in den kommenden Wintermonaten öfter an die Sonnentage, die Sonntage erinnern wollen, indem wir sie in den Alltag holen. Ein Sonntagsausflug etwa am Donnerstagnachmittag?

Doch das geht! Setzen Sie einen Unterschied zum Alltag! Besuchen Sie etwa - endlich mal wieder! - eine unserer herrlichen oberfränkischen Kirchen. Wann waren Sie zum Beispiel das letzte Mal in der Spitalkirche auf dem Bayreuther Markt? Sie ist ein Kleinod aus der Markgrafenzeit und immer geöffnet, nicht nur für Touristen! Aus dem Trubel der Maxstraße, vor oder nach dem Besuch des Rotmain-Centers in die stille Kirche, - eine Wohltat! Und dann achten Sie mal drauf, wenn Sie in einer der Bänke Platz nehmen, was mit Ihnen geschieht…

Das gleiche gilt für alle anderen Kirchen auch.

Unterschiede wahrnehmen, Achtsamkeit üben, sich selbst den Sonntag gönnen, so oft es geht. Das ist die Chance, die uns das ganze Jahr über unsere Kirchen bieten. Manchmal hat man Glück und betritt den großartigen Raum und man steht in einer Wolke herrlichster Orgel-"Musik für die Ohren". Und wenn man wieder geht, sagt man zu sich selbst „Wie schön, dass ich das mitnehmen durfte. Das hat gutgetan!"

Aber man muss halt auch hineingehen! Immer wieder! Sonst hat man die „Dauerkarte" (raten Sie mal, was das bei einem Christenmenschen ist) vergeblich gelöst. – Und auf einmal ist es zu spät.

Wer zu spät kommt, den bestraft das Leben.

Vertrauen – Was für ein Geschenk!

Diese Geschichte ist schrecklich, aber gut erfunden: Ein Vater stellt sein Kind auf eine Mauer. Er breitet die Arme aus und lockt es: „Spring ruhig, ich fang dich auf!" Das Kind springt und – knallt auf den Boden. Der Vater sagt: „Merk dir das: Man kann niemandem trauen!" Dieses Kind wird später zu denen gehören, die immer erst Beweise einfordern, ob der andere, ob das Leben auch wirklich verlässlich ist. Es wird misstrauisch kontrollieren, statt zu vertrauen. Es wird eher eng sein und ängstlich, als offen und mutig.

Andere hingegen, die zwar in ihrem Leben ebenfalls viele Enttäuschungen hinnehmen mussten, bringen trotzdem immer wieder viel Vertrauen auf. Warum? Sie haben ein gesundes Urvertrauen mitbekommen, schon in Mutters Bauch. Ihnen ist von Anfang gezeigt worden, dass es gut ist, dass es sie gibt. Ihnen haben die Augen der Mutter, des Vaters, von Oma und Opa sehr liebevoll zugelacht: „Wie schön, dass du da bist!" Da haben sie Vertrauen gelernt. Wenn andere sie immer wieder spüren ließen: Du bist gewollt! – So entsteht Urvertrauen. Und das ist noch gewachsen, als das Selbstvertrauen dazu kam. Ich beobachte das gerade sehr angerührt bei meiner ersten Enkeltochter. Wie oft ist sie auf die Nase gefallen, bis sie stehen und gehen gelernt hat. Und jetzt wetzt sie sehr zielbewusst durch die Gegend. Sie hat's gepackt.

Nur so kann sie auch Gottvertrauen lernen: Dass sie von guten Mächten wunderbar geborgen ist – weil irgendwer sie in Schutz nimmt, sie über die Straße bringt, sie wieder gesundmacht und ihr immer wieder so viel Lebensmut einflößt, dass sie die Strapazen und Enttäuschungen des Lebens sicher überstehen wird.

Wir brauchen alle diesen Vorschuss an Vertrauen, diesen warmen Aufwind von Sympathie unter die Flügel – im Kindergarten, in der Schule, in der Liebe, bei der Arbeit, bei jeder Begegnung.

Die argwöhnischen Blicke der Anderen machen jeden Neuankömmling erstmal unsicher. Wir haben diese Kaltfront alle schon mal erlebt: beim Schulwechsel, beim Umzug, am neuen Arbeitsplatz. Wie wohltuend und rettend war dann der Mensch, der schließlich die Distanz überwunden hat und uns gezeigt hat, wie man am besten zurechtkommt. Dieser Vorschuss an Vertrauen hilft uns leben. Alle, die nur auf unsere Füße starren, dass wir endlich stolpern, die uns misstrauisch erstmal schlimme Dinge unterstellen, die machen nur Angst.

Es geht nur mit Vertrauen! Ob's der Nachbar ist, der uns den Schlüssel in Verwahrung gibt, oder der Handwerker, der uns die Heizung repariert – alles nur Vertrauenssache; dass wir uns sorgsam kümmern, bzw. die gestellte Rechnung auch bezahlen. Man kann dieses kostbare Gut nicht verlangen, man kann es nur schenken und pfleglich behandeln. Ein bisschen Mut gehört freilich dazu.

Ach ja, man kann Vertrauen übrigens auch (wieder) üben und lernen!

Reformationsfest –
Ökumenisches Fest der Freiheit!

In genau einem Jahr, am 31. Oktober 2017 jährt sich zum 500sten mal die Veröffentlichung der 95 Thesen, die Martin Luther, der Überlieferung nach, an die Tür der Schlosskirche in Wittenberg geschlagen haben soll. Wir feiern dann das 500jährige Jubiläum der Reformation. Es wird ein großes, ökumenisches Fest in globaler Gemeinschaft sein, von Feuerland bis Finnland, von Südkorea bis Nordamerika, - anders als alle Luther- und Reformationsjubiläen bisher.

Ich bin gottfroh darüber, denn das zeigt, wie sehr die christlichen Kirchen gelernt haben, in Frieden und Freiheit des Glaubens und in geschwisterlicher Gemeinschaft miteinander umzugehen. Da ist in den letzten 50 Jahren unglaublich viel geschehen.

Schaue ich auf unser lokales, ökumenisches Miteinander, dann kann ich nur dankbar feststellen, wie sehr der Respekt voreinander und die Anerkennung des jeweils anderen gewachsen ist. Kein evangelischer Pfarrer in Bayreuth käme mehr auf die Idee etwa bei der Stadtratswahl zu mahnen, doch bitteschön nur die evangelischen Kandidaten zu wählen - und umgekehrt. Ökumene wird bei uns gelebt und gepflegt, in gemeinsamen Aktionen zum Teil vorbildlich. Erwähnt sei etwa die Aktion „Suppe am Samstag".

Das, was damals von Wittenberg im 16. Jahrhundert ausgegangen ist, hat Deutschland, Europa und die Welt verändert. Es hat z.B. den Gedanken der Freiheit erst richtig groß gemacht. Der ist uns mittlerweile so selbstverständlich geworden, dass wir sehr darauf achten müssen, ihn nicht unter der Hand wieder zu verspielen. Eine der wichtigsten reformatorischen Schriften heißt „Von der Freiheit eines Christenmenschen". Martin Luther charakterisiert diese Freiheit so:

„Ein Christenmensch ist ein freier Herr aller Dinge und niemandem untertan. –

Ein Christenmensch ist ein dienstbarer Knecht aller Dinge und jedermann untertan."

Evangelische Freiheit ist Freiheit von der Welt und Freiheit für die Welt.

Mit der Wiederentdeckung der Freiheit des Einzelnen, das Kennzeichen mündigen Christseins, konnte damals der beklemmenden Furcht des Mittelalters vor Dämonen und Mächten begegnet werden. Im globalen Zeitalter 500 Jahre später sind andere Ängste die alltäglichen Anfechtungen der Freiheit: Die oft völlig irrationale Furcht vor Wohlstandsverlust, vor „Überfremdung", vor Terror und Krieg, - das bedrängt die Freiheit. Aus diesen Ängsten auszuziehen und ein Leben in der Freiheit eines Christenmenschen zu führen, im Dienst am Nächsten und in der Verantwortung für die Welt, das bleibt unsere Aufgabe als freie Menschen. Wer sich vor ihr drücken will, ist schon wieder auf dem Weg in die Unfreiheit der unbegründeten Ängste und der Unmündigkeit.

Wem ich der Nächste bin

Als auch der zweite über ihn hinweg gestiegen war und die Schritte sich entfernten, dachte er noch „Das war es also…", dann schwanden ihm die Sinne. Er kam wieder zu sich, als ihm jemand den Kopf anhob und Wasser über die aufgesprungenen Lippen goss. Es lief ihm am Hals hinunter, weil er nicht so schnell schlucken konnte. Das nächste Mal wurde er wach, als der schaukelnde Gang des Esels plötzlich stockte. Er hing quer über dessen Rücken, wie ein schlapper Sack. „Wir sind gleich da" sagte eine freundliche Stimme. „Dir geht es bald wieder besser!" Da wusste er, alles wird gut…

So gut wie dem Mann aus dem Gleichnis Jesu, der unter die Räuber geraten war und der dann vom Samariter gerettet wurde, ging es dem 82-jährigen Rentner neulich nicht. Nicht der dritte erbarmte sich, sondern erst der fünfte holte schließlich Hilfe. Der alte Herr war laut Polizei am Geldterminal einer Bank in Essen in eine „medizinische Notfallsituation" geraten, fiel zu Boden und blieb im Vorraum der Bank liegen. Vier Kunden seien auf dem Weg zum Geldautomaten über ihn hinweg gestiegen, hätten einen großen Bogen um ihn gemacht oder seien nahe an ihm vorbeigegangen. Sie hätten nacheinander den Raum betreten, zwei Kunden seien fast gleichzeitig wieder gegangen. Der vierte ging 19 Minuten nach dem Zusammenbruch. Alles aufgenommen von der Überwachungskamera. Erst der fünfte erbarmte sich. Zu spät. Ein Einzelfall? Mitnichten. Leider.

Vor 500 Jahren wurde von Martin Luther das Wort „Nächstenliebe" in die deutsche Sprache eingebracht. Es sollte uns eigentlich längst in Fleisch und Blut übergegangen sein. Es ist unabdingbar auf einem der vordersten Plätze in unserem

Wertekatalog. „Liebe deinen Nächsten wie dich selbst" lautet die Regel dazu, die wir ja alle kennen.

Ein spitzfindiger Vogel fragte Jesus damals etwas schein-heilig-provozierend: „Wer ist denn nun mein Nächster?" Und dem erzählte Jesus zur Illustration die Geschichte vom barmherzigen Samariter (Lukas 10, 25-36).

Interessant ist die Frage, die Jesus dann anschließt:

„Was glaubst du? Wer von den dreien ist dem, der unter die Räuber gefallen war, zum Nächsten geworden?"

Die Antwort ist klar.

„Der, der ihm die Barmherzigkeit erwiesen hat!"

Jesus dreht also die Sichtweise um. Die Frage ist nicht "Wer ist mein Nächster?", sondern „Wem bin ich der Nächste?".

Und schon sieht die Welt ganz anders aus. Eine unbequeme Sichtweise, zugegeben. Denn sie ruft mich sehr deutlich zur Verantwortung – und wer übernimmt heute noch gerne Verantwortung? Dabei ist das oft genug überhaupt nicht schwer. Hätte schon der erste den Notruf abgesetzt, vielleicht wäre der alte Herr heute noch am Leben.

Es kann ja wohl nicht wahr sein, dass das Geld und ein störungsfreier Alltag wichtiger sein sollen als etwas so Selbstverständliches wie Nächstenliebe.

Wir sind da natürlich ganz anders, oder?

13.11.2016

Schade um den Buß- und Bettag oder die Sünde und die Sprache

Der Buß- und Bettag ist schon lange als gesetzlicher Feiertag abgeschafft. Schade, denn er gab den angemessenen Raum für ehrliche Fragen an uns selbst: Wo wir versagen, uns schuldig machen, unsere eigenen Erwartungen und Maßstäbe nicht erfüllen. Wo wir uns gerade befinden auf unserer Lebensstrecke, von der wir ja nicht einmal wissen, wie lang sie noch für uns sein wird. Es geht an diesem Tag um das inzwischen leider exotische Thema „Sünde".

„Da habe ich wieder einmal gesündigt", sagen manche, wenn dem Schäufele und den Klößen auch noch das Eis und die Torte hinterher geschoben wurde. So wird das Wort „Sünde" aber unschädlich gemacht. Buße ist dann nicht der Blick in die Bibel, sondern der Blick auf die Waage.

Sünde ist jedoch, wenn unser Leben und unser Verhalten nicht mehr von den guten Möglichkeiten gesteuert werden, die uns mit Gott verbinden, sondern von einem anderen, von einem schlimmen Geist. Von dem Geist, der nicht nur Gott verleugnet, sondern der dem Anderen böswillig schadet und damit schließlich uns selbst.

Jesus nennt ein Beispiel, an dem man das testen kann. Es geht um die Sprache, die wir so draufhaben. Jesus entlarvt seine Zuhörer, die sich ja gerne für untadelig und fromm halten, indem er auf ihr Reden achtet. Er sagt (Lukas 6,45):

Ein guter Mensch bringt Gutes hervor aus dem guten Schatz seines Herzens; und ein böser Mensch bringt Böses hervor aus dem bösen Schatz seines Herzens. Denn wes das Herz voll ist, des geht der Mund über.

Da hat also jeder einen Schatz zur Verfügung, den er nutzen kann. Das kann ein Schatz guter, hilfreicher, lieber Worte sein, - oder ein Schatz an bösen, verletzenden, beschädigenden Worten. Sie verraten dann, wie es insgesamt um das Herz bestellt ist. Der Begriff Wortschatz kommt wahrscheinlich von dieser Bibelstelle. Jesus tadelt die „unnützen, nichtsnutzigen", die leeren, die phrasenhaften Worte. Deshalb mag ich z.B. keine Wahlkampfreden, wie wir sie jetzt in Amerika erleben mussten. Nichtsnutzige Worte, Worte, die wirklich nichts nützen, das sind z.B. unsere schnellen Urteile über jemanden, den wir nicht besonders mögen; schnelle Urteile, die sich bei genauem Hinsehen dann doch als Vorurteile, als falsch erweisen. Dabei ist es doch oft so, dass man andere gerne dort kritisiert, wo man selber so seine Schwachstellen hat...

Ja, es gibt viel zu viele abfällige Bemerkungen über andere Menschen. Abfälliges Gerede ist der Anfang von Überheblichkeit und Hass, führt zu Gewalt und letztlich zu Faschismus und Rassenwahn. Und wo das endet bekommen wir auf schaurige Weise täglich präsentiert.

Buß- und Bettag: Ein Tag, an dem man innehalten könnte bei der Frage, wie solcher Wahnsinn entstehen kann, warum wir uns viel zu wenig gegen die überhandnehmende Verrohung und die zunehmende Entmenschlichung wehren. Sie beginnt schon bei der Sprache, bei den Worten und beherrscht dann das Denken.

Nicht zuletzt deshalb täte die Wiedereinführung dieses Feiertages unserem ganzen Volk besonders gut.

Was das Leben lebendig macht

Der heutige Toten- oder Ewigkeitssonntag ist für die Evangelischen das, was Allerseelen für die Katholiken ist: Man gedenkt der Verstorbenen, mit denen man verbunden war, besucht ihre Gräber, zündet vielleicht sogar ein Licht für sie an, spricht ein Gebet, erinnert sich an gemeinsame Lebenszeit, hält Zwiesprache...

Nein, das ist kein Ahnenkult, sondern Bewusstwerdung der eigenen Wurzeln am Grab der Eltern und Großeltern. Das ist dankbares Erinnern an das, was gutgetan hat und weitergebracht hat. Es ist das Gewahrwerden der Liebe, die einmal war und die nie vergehen wird, - vor allem am Grab des Partners oder des Kindes.

Es ist gut, dass es diese Gedenktage gibt. Sie führen uns vor Augen, wie kurz unser Leben ist, wie kostbar und gar nicht selbstverständlich unsere Tage und Stunden sind, vor allem die gemeinsam gelebten, die uns geschenkt werden. Ich denke heute auch an die vielen hundert Menschen, für deren Angehörige ich als Pfarrer den letzten Abschied auf dem Friedhof zu gestalten hatte. Das war nie leicht, aber auch nie trostlos.

Frau Christa D. war völlig alleinstehend, als ich sie kennenlernte. Sie hatte sich sehr früh scheiden lassen und es gab keine Kinder oder Verwandten. Eine Kollegin gab es, die war aber schon viele Jahre vor ihr verstorben. Frau D. hatte die anonyme Beisetzung ihrer Urne testamentarisch verfügt, weil ja niemand da war, der sich um die Grabpflege hätte kümmern können.

Wie viele Urnen mögen wohl neben ihren „auf der grünen Wiese" bestattet sein? Gräber ohne Namen. Dabei gibt es die viel achtsamere Lösung mit dem Namensstein, bei der es ebenfalls keiner Pflege bedarf. Wie wichtig aber, dass am Ende jemand da ist, der sich an uns erinnert und uns hinterherruft: „Gut, dass du da warst! Gut, dass es dich gegeben hat!", und dass wir mit unserem Namen unsere Würde behalten. So habe ich es Christa D. nachgerufen zusammen mit ihrem Namen, bevor ihr Sarg eingeäschert wurde. Und hoffentlich wurde das auch all den anderen hinterhergerufen, deren Asche jetzt neben Frau D. ruht.

Eines ist mir dabei sehr tröstlich: Auch, wenn wir einmal vielleicht sehr schnell in Vergessenheit geraten werden - *unsere Namen sind aufgeschrieben im Himmel*, sagt Jesus (Lukas 10,20).

Das mag in den Ohren von Spöttern sehr naiv klingen. Aber für Frau D. war das ein unglaublich wichtiger Halt, dass sie sich in ihrem oft sehr einsamen Leben trotzdem geborgen und angenommen wusste - von dem Gott, der sie aus Liebe ins Leben hineingerufen hatte und der sie nach diesem Leben wieder in seine Arme schließen würde.

Genau darum geht es heute, wenn wir an den Gräbern unserer Angehörigen stehen, dass wir nicht traurig sein müssen, *„wie die anderen, die keine Hoffnung haben"* (1. Thess. 4,13). Christlicher Glaube ist in erster Linie Osterglauben, Auferstehungsglaube, Ausdruck fester Hoffnung.

Ich persönlich glaube lieber an das Licht des ewigen Lebens, als an die Schwärze des ewigen Todes. Und ich habe festgestellt, diese Perspektive macht das Leben hier und heute viel heller, bunter und lebendiger.

1. Advent 2016 – Zeit für Gnade und Barmherzigkeit

Am vergangenen Sonntag, dem letzten des Kirchenjahres, endete für die Katholiken das „Heilige Jahr der Barmherzigkeit", das Papst Franziskus überraschend vergangenes Jahr angekündigt hatte. Die „Heilige Pforte" am Petersdom wurde wieder geschlossen. Das neue Kirchenjahr, das heute, am ersten Advent beginnt, wird für die evangelischen Christen als Reformationsgedächtnisjahr vor allem ein „Jahr der Gnade" sein zur Erinnerung an das Postulat Martin Luthers: „Allein aus Gnade wird der Mensch vor Gott gerecht".

Barmherzigkeit und Gnade, das sind zwei Begriffe, die passen anscheinend so gar nicht in unsere Zeit: Die Kriege in Syrien und sonst wo hören ja nicht auf, genauso wenig wie das Flüchtlingssterben im Mittelmeer oder der weltweite Terrorismus. Und überall sind die Autokraten an der Macht, deren Regierungsprogramm die Unbarmherzigkeit ist, ob sie Putin heißen oder Erdogan oder sonst wie. Und sie werden von ihren Völkern nicht etwa davongejagt, sondern sogar bewundert. Auch bei Donald Trump kommen Gnade, Reue oder Vergebung nicht vor. Und allzu viele, leider auch bei uns, applaudieren. Es ist die Zeit des Feinddenkens und der Abschottung, der irrationalen Ängste und der überheblichen Nationalismen und damit eine schlechte Zeit für Barmherzigkeit und Gnade, - ganz egal, wie viele Menschen durch Heilige Pforten gehen oder das Reformationsgedächtnis feiern.

Gnade und Barmherzigkeit, das klingt zwar nach arrogant herablassender Güte, aber in Wahrheit sind diese Grundbegriffe christlichen Denkens viel stärker, als es eiskalte Realität und gnadenlose Machtansprüche ahnen lassen. Und deshalb fürchten sich die Autokraten so davor.

Die Gnade ist Gottes Geschenk an die Welt: Das Geschenk leben zu dürfen, auch an Recht und Gesetz und allen Verdiensten vorbei, - trotz allem Versagen. Die Gnade hebt das Gesetz nicht auf, aber sie lässt jedes Überlegenheitsgefühl der angeblich Rechtgläubigen und Machthaber platzen.

Die Barmherzigkeit Gottes ist subversiv. Sie durchbricht alle menschengemachten Absolutheitsansprüche der „allein selig machenden" Religionen, Lehren und Wahrheitsdefinitionen. Sind sie unbarmherzig, dann taugen sie nichts. Dann sind sie im Gegenteil entlarvt als Instrumente der Unmenschlichkeit und Intoleranz.

Gnade und Barmherzigkeit, die Tugenden der Nächstenliebe und radikalen Menschlichkeit sehen jeden einzelnen Menschen mit seiner unteilbaren Würde. Sie sagen den Machthabern, wem sie eigentlich zu dienen haben.

Gnade und Barmherzigkeit entlarven die unzähligen Selbstgewissheiten, die durch unsere Welt geistern, all die gemästeten großen und kleinen Egos im Kreml, im Weißen Haus, in den Partei- und Wirtschaftszentralen oder in der Facebook-Blase.

Wir müssen dranbleiben am Thema Gnade und Barmherzigkeit. Jeder einzelne. Dann gehen nicht nur die Adventstürchen auf, sondern auch die Herzen. Dann kann Weihnachten kommen. Schauen wir mal, ob er dann bei uns einzieht, der Gottessohn, den wir als die Verkörperung von Gnade und Barmherzigkeit und Liebe kennen!

2. Advent 2016 – Endlich adventlich werden

Geht es Ihnen zurzeit etwa anders als den Anderen? Leiden Sie womöglich nicht unter Stress und Druck, unter Burn-Out-Symptomen, oder gar unter beginnenden Angststörungen und Abhängigkeitserkrankungen? Sind Sie stattdessen ruhig und gelassen, gut gelaunt und erwartungsfroh?

Dann sind Sie womöglich ein adventlicher Mensch!

Adventliche Menschen, das sind die besonnenen Leute, die es nicht nur begriffen haben, sondern die auch entsprechend konsequent danach leben, dass Weihnachten erst am Abend des 24. Dezember beginnt und nicht schon mit den ersten Zimtsternen beim Discounter Mitte September. Das sind die, die den Unterschied zwischen Advent und Weihnachten kennen und leben - und deshalb unglaublich viel davon profitieren.

Adventszeit, das war einmal eine behagliche Zeit, in der z.B. Weihnachtsplätzchen selber gebacken wurden: Lebkuchen, Spekulatius, Vanillekipferl. Aber die kamen dann in die große Blechdose und wurden oben auf dem Schlafzimmerschrank ganz hinten an der Wand deponiert, damit ja niemand vor dem Heiligen Abend auf die Idee käme womöglich schon einmal zu naschen.

Adventszeit, das war die geheimnisvolle Zeit, in der abends die Kerzen am Adventskranz angezündet wurden und dann gab's tatsächlich Hausmusik! Vater holte die Quetschn heraus, die Kinder die Blockflöten und Mutter sang, meistens etwas schräg – denn sie traf die Töne selten wirklich sicher – die Adventslieder, die sie allesamt auswendig kannte.

Adventszeit, das war die sehnsuchtsvolle Zeit der Vorfreude. Die Kinder, klar, die freuten sich auf das Christkind und die Geschenke unterm Weihnachtsbaum. Vater, er gab's gerne zu, freute sich auf das erste schöne Glas Bier, auf den Weihnachtsbock, den es zur Weihnachtsbratwurst geben würde. Denn im Advent wurde ja gefastet! Mutter war schon etwas bange vor dem Fest, es musste ja noch so viel erledigt werden. Aber Stress? Das Wort war eigentlich unbekannt.

Adventszeit, das war etwas ganz anderes als Weihnachten. Das war viel stiller, viel in sich gekehrter. Die Pause in der Natur bescherte den Menschen ebenfalls Ruhe. Kein ausgelassenes, lärmendes Treiben putschte auf, keine „alternativlosen" Termine drückten, kein Gebimmel von Smartphone, Computer oder Tablet unterbrach die Muße.

Mich erinnert das sehr an die letzte Zeit einer Schwangerschaft, wenn die Mütter viel öfter ruhen und voller Vorfreude in sich hineinhören und -spüren. Advent, da ist jemand unterwegs zu uns. Er kommt, aber er ist noch nicht da! Wir dürfen uns jedoch schon voller Spannung auf ihn freuen.

In diesem Sinne wünsche ich uns allen jetzt solche ruhigen und zugleich spannenden Tage, an denen vielleicht etwas von der alten Fastenzeit, die die Adventszeit einmal war, wieder lebendig wird. Damit wir den Unterschied wahrnehmen, damit wir vielleicht ebenfalls „adventliche Menschen" werden können voller Vorfreude.

3. Advent 2016 – Nicht länger warten!

Jetzt rieseln wieder die Jahresrückblicke und Adventsfeieransprachen auf uns herab wie dicke Schneeflocken. Manche Redner schütteln bedenklich warnend die Häupter, sagen alarmistisch den unmittelbar bevorstehenden Untergang des Abendlandes voraus. Bei anderen senken sich die Reden sanft, mild und wattig auf die raue Wirklichkeit herab, bis diese einer flauschigen Winterlandschaft gleicht.

Doch mit dem Schnee hat es ja seine Bewandtnis – er schmilzt. Nach der Schmelze sieht die Wirklichkeit mitten im schönsten Matsch dann oft noch schlimmer aus als vor dem großen Schneetreiben und Ansprachengestöber. Denn das, was war, wird ja nicht anders, indem man es nachträglich schlecht- oder schönredet. Und das, was kommt, mit frommen Wünschen zu garnieren, das ist Konditorei, nichts weiter.

Eine brandaktuelle Ansprache ist mir begegnet, die ich Ihnen nicht vorenthalten will:

"Rundheraus: das alte Jahr war keine ausgesprochene Postkartenschönheit, beileibe nicht. Und das neue? Wir wollen's abwarten.

Wollen wir's abwarten? Nein. Wir wollen es nicht abwarten! Wir wollen nicht auf gut Glück und auf gut Wetter warten, nicht auf den Zufall und den Himmel harren, nicht auf die politische Konstellation und die historische Entwicklung hoffen, nicht auf die Weisheit der Regierungen, die Intelligenz der Parteivorstände und die Unfehlbarkeit aller übrigen Büros.

Wenn Millionen Menschen nicht nur neben-, sondern miteinander leben wollen, kommt es auf das Verhalten der Millionen, kommt es auf jeden und jede an, nicht auf die Instanzen. Wenn Unrecht geschieht, wenn Not herrscht, wenn Dummheit waltet, wenn Hass gesät wird, wenn Muckertum sich breitmacht, wenn Hilfe verweigert wird – stets ist jeder Einzelne zur Abhilfe mit aufgerufen, nicht nur die jeweils "zuständige" Stelle. Jeder ist mitverantwortlich für das, was geschieht, und für das, was unterbleibt. Und jeder von uns und euch muss es spüren, wenn die Mitverantwortung neben ihn tritt und schweigend wartet. Wartet, dass er handele, helfe, spreche, sich weigere oder empöre, je nachdem."

So treffend schreibt Erich Kästner vor gut sechzig Jahren! (Die kleine Freiheit, Zürich 1952 – S. 134/135).

Wollen wir also die Wirklichkeit entweder schlechtreden oder schönreden und erst mal abwarten? Nein!

Obwohl ja der Advent die Zeit des Wartens auf den kommenden Erlöser ist, wir wollen nicht länger damit warten ihm wenigstens den Weg zu bereiten! Sondern die Mitverantwortung wahrnehmen, handeln und helfen!

Dazu ein konkreter Vorschlag aus der großen Zahl von Spendenaufrufen: Unterstützen Sie mit Ihrer Weihnachtsgabe heuer unser ökumenisches Bayreuther Sozialprojekt „Suppe am Samstag". Sie helfen damit bedürftigen Bayreuthern (die gibt es tatsächlich!) wenigstens einmal in der Woche zu einem warmen Essen. Vergelt's Gott!

4. Advent 2016 - Die Nacht ist vorgedrungen

Sie sind da, die dunkelsten Tage des Jahres, wenn die Sonne kaum noch in die Höhe kommt und sich schon kurz nach 16.00 Uhr wieder hinterm Horizont verkriecht, sofern sie sich denn überhaupt gezeigt hat. Es war schon eine geniale Idee der frühen Kirche, das Weihnachtsfest, den Geburtstag des Erlösers genau in diese Zeit zu legen, exakt auf die Wintersonnenwende, auf das Datum des heidnischen Sonnengottes: Denn Christus ist es, der das Licht wieder in die finstere Welt hineinbringt, nicht der Sol Invictus.

Christus ist der unbesiegbare Gott des Lebens, der die Dunkelheit überwindet, den Hass und den Unfrieden. Das ist die Botschaft des Weihnachtsdatums. Deswegen die Kerzen, deswegen der Lebensbaum, deswegen all der Glanz genau in diesen dunklen Tagen.

Von diesen Gegensätzen Dunkelheit und Licht, Tod und Leben beziehen die alten Advents- und Weihnachtslieder ihre Kraft und es lohnt sich sehr, mal wieder ins Gesangbuch zu schauen. Da wird man kaum „süß klingende" Glöcklein finden, sondern knallharte Lebenswirklichkeit. Da wird nicht verschwiegen, wie bitter manche Finsternis den Menschen die Hoffnung zu nehmen droht, und welches Licht im Dunkeln dagegen aufscheint und wieder Orientierung gibt.

Jochen Klepper, der große evangelische Dichter des 20. Jahrhunderts, hat 1938, als es in Deutschland ganz finster wurde, ein Adventslied geschrieben, das heute zu den beliebtesten überhaupt gehört:

„Die Nacht ist vorgedrungen, der Tag ist nicht mehr fern.
So sei nun Lob gesungen dem hellen Morgenstern.
Auch wer zur Nacht geweinet, der stimme froh mit ein.
Der Morgenstern bescheinet auch deine Angst und
Pein."

Der helle Morgenstern, der das Ende der langen Nacht, aber auch all unsere „Angst und Pein" bescheint, steht natürlich für Jesus Christus. Jochen Klepper, der mit einer jüdischen Frau verheiratet war und wegen der Verfolgung durch die Nationalsozialisten in einen tragischen Tod ging, wusste sehr genau, was es bedeutet „zur Nacht zu weinen" und wie tröstlich der aufgehende Morgenstern durch die Dunkelheit bricht, auch wenn „Angst und Pein" deshalb noch nicht verschwunden sind. Die Nacht wird vergehen, der Tag wird kommen, bald!

„Gott will im Dunkel wohnen, und hat es doch erhellt," so dichtet Klepper in der fünften und letzten Strophe. Und weiter heißt es: *„Als wollte er belohnen, so richtet er die Welt. Der sich den Erdkreis baute, der lässt den Sünder nicht. Wer hier dem Sohn vertraute, kommt dort aus dem Gericht."*

Im Vertrauen, dass nach der Dunkelheit der Nacht der neue Morgen kommt, beginnt das Adventslied; im Vertrauen, dass nach der Dunkelheit des Todes das Licht Christi erscheint, endet das Lied. Von diesem Vertrauen war Jochen Klepper fest erfüllt: Es kann kommen, was will, am Ende kommt doch Gott selbst auf uns zu, und mit ihm das Leben und sein Licht!

Solches Vertrauen wünsche ich Ihnen und mir in diesen dunklen Tagen; wächst doch daraus die Vorfreude auf das Licht, den Glanz und den Jubel des kommenden Festes!

Weihnachten 2016 und der Terror

Frohe Weihnacht?

Nach dem Anschlag von Berlin fällt das schwer. Hat der Terrorangriff auf den Weihnachtsmarkt am Breitscheidplatz erreicht, was er wollte? Wenn er uns in Trauer, Angst und Schrecken versetzen wollte, dann ja. Wenn er unsere Gesellschaft spalten wollte, Hass erzeugen wollte, dann nein!

Hass zu produzieren und zu spalten, das versuchen leider schon unsere „volkseigenen" Populisten. Denen kommen die Terroropfer jetzt gerade recht, um sich noch mächtiger aufzublasen. Aber gegen den Terror einerseits und gegen den Hass andererseits hilft nur besonnener Zusammenhalt, frei nach dem Motto: „Unseren Hass bekommt ihr nicht!"

Was ist uns jetzt Trost und Hilfe? Genau das, was den Terroristen ein Dorn im Auge ist, was sie bekämpfen und weshalb ausgerechnet der Weihnachtsmarkt zum Ziel wurde. Es ist die Geschichte von der Geburt des Erlösers, der Ausgangspunkt unseres Glaubens, der Kern unserer europäischen Kultur und Geschichte. Das Kind in der Krippe fürchten sie, weil es den Hass überwindet! Weihnachten heißt ja, Gott wird einer von uns. Er lässt uns in dieser oft so komplizierten Welt nicht alleine. Er setzt sich dem Menschsein aus, auch dem Leid und dem Tod. Er will und braucht nicht die Einhaltung irgendwelcher religiösen Übungen und Glaubensleistungen, sondern er will unser Vertrauen.

Ich für mein Teil vertraue lieber dem Kind in der Krippe als irgendeinem kindermordenden Herodes (s. Aleppo!). Ich vertraue diesem aufmüpfigen, jüdischen Handwerker, zu dem dieses Kind einmal werden wird, und dem, was er sagt:

Dass wir leben sollen als freie und geliebte und im Letzten geborgene Gotteskinder. Auf grauenhafte Weise haben sie ihn schließlich wegen dieser Botschaft umgebracht und damit aufs trefflichste dokumentiert, wie gottlos und liebesunfähig diese Welt ist. Am Ende jedoch ist seine Liebe stärker als der Tod. Auch die Mächtigsten der Welt werden untergehen, seine Macht hingegen wächst, besonders in den Schwachen. Deshalb glauben wir an ihn, an diesen Jesus, und feiern seine Geburt.

Gott ist nicht hinter dem (Halb-)Mond geblieben, sondern mit Christus ist er hereingekommen in unsere Welt. Hier brauchen wir ihn so bitter nötig, weil am Ende nur die Liebe überzeugen kann, - auch und gerade die, die jetzt um die Terroropfer von Berlin und Aleppo und weltweit klagen und weinen.

Man kann uns den Glauben an die menschgewordene Gottesliebe, an diesen „Kulturkern" Europas, nicht nehmen. Weder am Lisesi-Gymnasium in Istanbul noch sonst wo. Schon seit 2000 Jahren vermag dies kein Terrorakt und kein Tyrann, auch wenn dies für viele Christen oft mit namenlosem Leid verbunden war und ist. Aber wie will man die Liebe umbringen?

Zum Weitergeben ist sie da, die Liebe des Krippenkindes, an alle, auch an unsere muslimischen Nachbarn!

Ach, Weihnachten! Wenn es dich nicht gäbe, man müsste dich erfinden, denn selten warst du so wichtig als Fest der Liebe und des Friedens wie in diesem verrückten Jahr 2016.

Deshalb also doch: Frohe Weihnachten und ein gesegnetes Neues Jahr 2017!

2017

Die Losung zum Neuen Jahr

So, heute ist das neue Jahr schon wieder eine Woche alt. Wir haben es eher mit großen Zweifeln begrüßt als mit überbordenden Erwartungen. So richtig Hoffnung geschöpft hat zum Jahreswechsel allenfalls der Hass. Aber den Triumph wollen wir ihm trotz der düsteren Geschehnisse auf unseren Bildschirmen nicht lassen. Machen wir uns deshalb am Jahresanfang klar: Der Welt ging es tatsächlich noch nie so gut wie heute!

Ein paar Beispiele untermauern das. Etwa das Pariser Klimaabkommen vom November 2016. Es hat das Ende der fossilen Energieträger eingeläutet. Die globale Armut nimmt ab und nicht länger zu. Trotz Syrien und Jemen: Die Kriegsereignisse gehen insgesamt zurück. Die Gesundheit der Weltbevölkerung verbessert sich langsam. Man sieht es am Anstieg der globalen Lebenserwartung. Die Frauenrechte beginnen sich durchzusetzen. Das Bewusstsein für den Kampf um eine bessere Umwelt steigt unaufhörlich. Das spüren inzwischen selbst Weltkonzerne wie Monsanto. Die Vernetzung und damit die Bildung der Weltbevölkerung wächst rapide. Die Versuche Meinungsmonopole durchzusetzen scheitern deshalb auch immer öfter. Die Liste kann man fortsetzen.

Nun sind dies alles Entwicklungen im globalen Rahmen. Aber im privaten sieht es ja nicht anders aus. Die Umfragen unter unserer eigenen Bevölkerung zeigen, dass zwar große Befürchtungen in unseren Köpfen stecken im Hinblick auf die politische und gesellschaftliche Entwicklung, aber im Blick auf uns persönlich sind wir in aller Regel deutlich zufriedener als noch vor einem Jahr. Warum lassen wir uns also andauernd ins Bockshorn jagen und mit Ängsten impfen?

Fassen wir uns lieber ein Herz und sagen wir in diesem Wahljahr unseren Politikern deutlich, was wir uns tatsächlich wünschen. Sonst treiben die Populisten sie vor sich her, statt dass sie selber die Dinge in die Hand nehmen, die dran sind.

Zum Beispiel endlich deutliche Unterstützung für die vielen Alleinerziehenden, endlich ausreichende Mittel für unsere maroden Schulen, Krankenhäuser und Straßen, endlich angemessene Einkommen für die Pflege- und Sozialberufe, Abschaffung der Kindergartenbeiträge, ein vernünftiges Einwanderungsgesetz und sinnvolle Beschäftigungsprogramme für die jungen Männer aus den Flüchtlingsländern.

Auch diese Liste lässt sich fortsetzen. Dies alles wäre sicherlich keine Frage der Finanzierung, wenn z.B. die längst überfällige, europaweite Transaktionssteuer endlich durchgesetzt würde, wenn man den Großkonzernen wie Apple und Ikea endlich die Steuerschlupflöcher nähme. Schaffen wir das? Es mangelt bisher nur am politischen Willen. Warum wohl? Ich wünsche deshalb denen, von denen wir uns regieren lassen, aber auch jedem einzelnen von uns allen genau das, was uns die Jahreslosung für 2017 zuruft:

Gott spricht: Ich schenke euch ein neues Herz und lege einen neuen Geist in euch. (Hesekiel 36, 26)

Beides haben wir ja sowas von nötig! Oder?

15.1.2017
Von wegen leibfeindlich!

Falls Sie der Meinung sind, dass christlicher Glaube mit extremer Leibfeindlichkeit gleichzusetzen ist, dann sollten Sie sich gleich heute Morgen auf den Weg in Ihre Kirche machen. Heute hören Sie nämlich als Evangelium eine meiner Lieblingsgeschichten, das Weinwunder bei der Hochzeit zu Kana. Es ist das erste der von Jesus bewirkten Wunder, gewissermaßen der Beginn seiner „Amtszeit", berichtet das Johannesevangelium. Keine Krankenheilung, keine Sturmstillung oder ähnliches, sondern die Ehrenrettung für einen schlecht organisierten Bräutigam. Für das rauschende Hochzeitsfest hatte der schlicht zu wenig Wein bestellt. Jesus hilft, macht aus Wasser Wein. Wie, das wüssten auch heute noch viele Winzer gerne. Das Wie ist mir eigentlich nicht wichtig. Viel interessanter finde ich den Hinweis auf die Lebensfreude der Menschen, um die es Jesus geht. Es darf, nein, es soll gefeiert werden! Das Leben und die Liebe stehen bei der Hochzeit im Vordergrund und dabei darf der Wein nicht fehlen! Von wegen leibfeindlich! Lebenslustig ist dieser Jesus. Von Anfang an und gleich als Erstes.

Es ist ein Jammer, dass dieser so wichtige Aspekt im Laufe der Kirchengeschichte so schnell verlorenging, geopfert dem Machtanspruch einer Kirche, die mit der Kontrolle von Lebenslust und Sexualität die Menschen über viele Jahrhunderte beherrscht und gegängelt hat. Kein Wunder, dass sie deshalb bis heute an den Folgen sehr schwer zu tragen hat. Darum werbe ich so dafür die tiefe Lebensbejahung, die sich durch die ganze Bibel zieht, als den Kern des Glaubens wieder neu zu entdecken.

Wenn es dem Gott der Bibel um etwas geht, dann ist es das Leben. Er wird nicht nur als der Schöpfer des Lebens vorgestellt, sondern auch als sein Bewahrer. Die größte Bedrohung für das Leben ist jedoch von Anfang an der Mensch. Deshalb braucht es die Eingrenzung seiner Machtgelüste durch Gebote und klare Regeln. Und weil dann wiederum die vielen Gesetze das Leben zu sehr einschränken, braucht es schließlich einen Jesus, der deutlich sagen kann, dass der Sabbat für den Menschen gemacht ist und nicht der Mensch für den Sabbat. Es geht immer um Leben und Lebendigkeit! Schließlich geht es sogar gegen den größten Feind des Lebens, gegen den Tod! Christen wissen, dass er seine Macht verlieren wird.

Bis dahin aber soll gegen den Tod „angelebt" werden. Am besten geht das, wenn die Liebe ins Spiel kommt und die pure Lebensfreude.

Wie das aussehen kann? Am Dreikönigstag war ich bei strahlender Sonne und herrlichem Schnee auf der Kösseine. Welch eine Freude, die vielen jungen Familien zu erleben, die mit ihren Schlitten die Waldstraße herunterdonnerten und die Kinder, die in die Schneewehen krachten und sich ausschütteten vor Lachen. Und hinterher saßen sie oben in der Hütte und dampften und schlürften ihren Glühwein und Kinderpunsch. Weil's zur Lebensfreude einfach dazugehört.

Der Bibel gefällt das! Von wegen leibfeindlich!

Wissen, was man will

Wissen Sie, wo es lang geht in diesem Jahr? Ich habe den Eindruck, dass zurzeit bei vielen Menschen ganz vieles ins Schwimmen geraten ist. Nicht nur, weil die großpolitische Wetterlage so unsicher geworden ist: Trump, Brexit, Putin, Türkei, Naher Osten, Terrorismus (kann man alles in einem Atemzug nennen), sondern weil ganz allgemein Grundregeln und sichere Leitlinien so widerstandslos wegbrechen. Die Jungen fragen sich, wonach sie überhaupt noch streben sollen. Rente 2040, 2050? Völlig unsichere Option! Also lebe heute! Aber wie? Schon Europa 2020, sehr ungewiss! Und dazu kommt: Wir leben in einer Welt der endlosen Möglichkeiten, nein, in einer Zeit der Beliebigkeit.

Vor 25 Jahren habe ich mal einen Beitrag verfasst über die Fernsehfernsteuerung als Sinnbild der Unsicherheit bei der richtigen Programmwahl. Und nun sind es nicht mehr 30, 40 Programme, die einem die Qual der Wahl bescheren, sondern tausende. Und so ist es mit allem. In dieser großen, weiten, unübersichtlichen Welt kann man sich allzu schnell verirren und den Kontakt zum richtigen Leben verlieren. Viele Menschen sind haltlos. Sie haben nichts mehr, woran sie sich festhalten können. Sie wissen nicht mehr wer sie sind und wofür sie stehen sollen. Und deshalb lassen sie sich viel zu leicht „fernsteuern", von den völlig Verkehrten, flüchten sich ins „betreute Denken".

Deshalb ist es so wichtig, sich an die Grundtatsachen, die das eigene Leben ausmachen, wieder zu erinnern. Bei den allermeisten ist so ein Lebensgrunddatum z.B. die Taufe. Selbst wenn man längst aus der Kirche ausgetreten ist, die Taufe kann man nicht rückgängig machen.

Gott nimmt sein Ja zu jedem einzelnen seiner Kinder nicht zurück. Deshalb ist dies ein Grundprinzip im Leben, dass wir geliebt sind.

Welche Prinzipien gibt es sonst noch, die sich im Leben schon bewährt haben? Vielleicht Freiheit, Gleichheit, Brüderlichkeit? Vielleicht Gerechtigkeit und Fairness? Vielleicht Nachsicht und Geduld? Vielleicht Fleiß und Disziplin?

So ein Satz von Prinzipien gibt Halt und innere Geborgenheit in dieser verrückten Welt. Und das ist es, was vielen von uns fehlt.

Denen, die noch wissen, dass sie Christenmenschen sind, möchte ich Mut machen, ihr Christsein gerade in unserer Zeit, gerade in diesem Jahr ganz bewusst zu leben, damit andere sich ein Beispiel nehmen können. Die anderen sollen merken, was es heißt, gelassen mit Krisenzeiten umgehen zu können, sich nicht verrückt machen zu lassen, weil uns letztlich nichts, aber auch gar nichts aus Gottes Hand reißen kann.

Unser Glaube muss heraus aus dem privaten Kämmerlein! Wir müssen zeigen und sagen, wofür wir stehen! In dieser indifferenten Öffentlichkeit müssen wir gerade heute unsere christliche Identität sehr selbstbewusst vertreten. Grundprinzipien? Werte? Wenn nicht die Nächstenliebe und ein starker Glaubensmut und alles, was dazugehört, was denn dann?

Dann weiß man auch, wo es lang geht.

29.1.2017

Die etwas anderen Kinder

Heute kam ein Brief von einer lieben Freundin:

„Wir befinden uns seit dem 16. Dezember auf einer see-
lischen Achterbahnfahrt. An diesem Tag wurde unser fünftes
Enkelchen, die kleine Lena geboren. Sie ist eine ganz süße
Maus und die Natur hat sie mit einem Chromosom mehr
ausgestattet. Sie hat ein Down-Syndrom… zurzeit besteht
kein besonders großer Grund zur Sorge… Alle Herzen sind
bereits im Sturm erobert von dem kleinen Zwerg und Caro
ist eine sehr liebe große Schwester, obwohl man manchmal
aufpassen muss, dass die kleine Maus nicht platt gekuschelt
wird… Ja, die Natur hat uns alle vor eine große Aufgabe gestellt und wir werden sehen, was wir als Familie auf die Beine
stellen können, um der jungen Familie zu helfen. Natürlich
ahnt man die Probleme und Mehrbelastungen, aber alle zusammen werden wir es schon meistern."

Mein erster Gedanke war: „Lena, herzlich willkommen!
Da hast du etwas sehr richtig gemacht, dass du dir ausgerechnet diese Familie ausgesucht hast! Alle miteinander, die
Eltern, die Großeltern, die ganze Verwandtschaft sind so
prächtige, liebenswerte und lebensfrohe Menschen. Wenn
nicht bei denen, wo sonst hättest du die allerbesten Voraussetzungen für den Start in ein glückliches und geborgenes
Leben finden können?"

Leider ist das nicht überall so. Im Internet kann man viel
über das Down-Syndrom erfahren. Ich war erfreut, dass die
betroffenen Kinder heute in aller Regel da leben, wo andere
Kinder auch leben - in ihrer Familie. Sie wachsen heran, wie
andere Kinder auch. Sie sind fröhlich und traurig, lebhaft
und müde, zurückhaltend und vorwitzig - wie andere Kinder

auch. Sie haben ihre Fähigkeiten und brauchen ihre individuelle Hilfe, wie andere Kinder - und wie alle anderen Menschen - auch. Da hat sich in den vergangenen Jahren ganz viel zum Besseren verändert, der Inklusionsgedanke gewinnt an Fahrt.

Andererseits, und da bin ich richtig erschrocken, mehr als neunzig(!) Prozent aller Elternpaare, die während der Schwangerschaft von dieser Diagnose überrascht werden, entscheiden sich für einen Schwangerschaftsabbruch…

Worum sie sich bringen schildern viele, viele Beispiele, Briefe, Artikel, Videos im Internet, die nicht nur von den Belastungen berichten, sondern vor allem vom Glück, das zusammen mit den Kindern mit dem überzähligen Chromosom erfahren wird.

Mein tiefer Respekt gilt allen Familien und besonders den Alleinerziehenden, die sich auf ein Leben mit einem behinderten Kind einstellen und mit all ihrer Liebe und Kraft ihr Kind fördern und tragen, ja, und auch lebenslang (!) ertragen. Sie haben unser aller Unterstützung und Hilfe mehr als verdient. Und sie brauchen sie auch. Helfen wir also diesen Kindern und ihren Eltern nach Kräften und setzen wir uns ihrem Elan aus. Alle Kinder, auch die, die „etwas anders" sind, predigen schließlich von dem Moment ihrer Geburt an nichts anderes als das Evangelium der Liebe.

Ein evangelischer Heiliger

Ein evangelischer Heiliger? Ob es sowas überhaupt gibt, werde ich gefragt. Ja, sage ich. Heilige sind nach evangelischem Verständnis keine Wundertäter, sondern Menschen, die so leben, dass ihre Glaubenshaltung sie für andere zu Hoffnungsträgern, zu Vorbildern macht.So einer war Dietrich Bonhoeffer. Gestern, am 4. Februar, war sein 111. Geburtstag. Am 9. April 1945 wurde er von der SS in Flossenbürg ermordet.

Was macht ihn für uns gerade heute zum Vorbild, zum Heiligen? Viele sehen heute mit Grausen die historischen Parallelen zu den Jahren der nationalsozialistischen Machtergreifung, diesmal allerdings im globalen Maßstab: ein amerikanischer Präsident, der sich immer autokratischer und diktatorischer gebärdet und mit seinem „America first" das nationalistische Gehabe auf der ganzen Welt befeuert. Ob in Russland oder in der Türkei, in Polen oder in Ungarn, aber auch in Frankreich oder den Niederlanden, in England, ja, und Gott sei's geklagt, auch wieder bei uns.

Die Sprüche von AfD-Politikern über das Holocaust-Denkmal in Berlin zeigen nicht nur, wo man sie politisch verorten muss, sie treffen auch die Erinnerungskultur an Menschen wie Dietrich Bonhoeffer. Weil er den Widerstand gegen Adolf Hitler unterstützt hat, galt er damals, - auch noch lange nach dem Krieg! – vielen Nazis und Altnazis als „Vaterlandsverräter".

Sind wir heute wieder soweit? Dass die, die dem Unrecht, dem Rassismus, der Fremdenfeindlichkeit, der Homophobie, dem Hass gegen die Religion (inzwischen unverhohlen auch gegen christliche Kirchen!), der blanken Gewalt und Kriegshetzerei die Stirn bieten, die dem „Rad in die Speichen fallen" wollen (so Bonhoeffer schon 1933!), als vaterlandslose Gesellen beschimpft werden dürfen?

„Wer fromm ist, muss auch politisch sein" überschreibt Landesbischof Heinrich Bedford-Strohm seine Würdigung Bonhoeffers im Zeit-Magazin vor zwei Jahren. So ist es.

Und gerade deshalb ist Bonhoeffer für mich ein Heiliger, weil er seine Frömmigkeit mit öffentlicher Verantwortung verbunden hat und für sein Glaubenszeugnis sogar zum Blutzeugen wurde. Dazu war er ein begnadeter Seelsorger. Unzählige Menschen sind durch den Trost seiner Worte von den „guten Mächten", die uns wunderbar bergen, durch die schwersten Stunden ihres Lebens geführt worden.

Bonhoeffer lehrt uns: Wir brauchen ein Fundament klarer ethischer Orientierungen. Sie müssen in authentischer, an Christus orientierter Frömmigkeit wurzeln. Sie müssen auf öffentliche Verantwortung zielen. Nur so können wir Christen den Herausforderungen der eigenen Zeit begegnen. Und zwar zuversichtlich!

Kurz vor seiner Inhaftierung sagte er: „Mag sein, dass der jüngste Tag morgen anbricht, dann wollen wir gerne die Arbeit für eine bessere Zukunft aus der Hand legen, vorher aber nicht."

Trotz Trump und Co., noch ist es nicht soweit! Also, ran an die Arbeit! Gott sei Dank für diesen Heiligen!

Fasching in Bayreuth

Der mittelalterliche Klosterkrimi „Der Name der Rose", von Umberto Ecco, verfilmt mit Sean Connery, ist auch schon wieder 30 Jahre alt und immer noch lesens- und sehenswert. Er hat mich damals als noch jungen Pfarrer sehr beeindruckt, weil er den Unterschied zwischen der abergläubischen, mittelalterlichen Religiosität und dem absoluten Machtanspruch der Kirche einerseits und der aufgeklärten, neuzeitlichen Logik wissenschaftlichen Forschens und der daraus folgenden Freiheit des Denkens und Lebens andererseits, so überzeugend darstellte.

Die vielen Mordfälle, die William von Baskerville aufzuklären hatte, hingen zusammen mit einem in der Klosterbibliothek versteckten Buch von Aristoteles über die Komödie. Der Bibliothekar Jorge von Bourgos hielt es für gefährlich, weil „die Komödien geschrieben wurden, um die Leute zum Lachen zu bringen, und das war schlecht. Unser Herr Jesus hat weder Komödien noch Fabeln erzählt, ausschließlich klare Gleichungen, die uns lehren, wie wir ins Paradies gelangen, und so soll es bleiben." Herzhaftes Lachen und christlicher Glaube, das scheint sich immer schon gegenseitig auszuschließen.

Die Geschichte von dem Patienten fällt mir ein, dem der Herr Pfarrer zur besseren Genesung ein Witzbändchen mitgebracht hatte. Hinterher erzählt er: „Wenn ich des Büchla net vom Herrn Pfarrer bekommen hätt', gradraus lachen hätt' ich können über die G'schichtla!".

Heuer dauert die „Zeit des Gelächters", der Karneval, wegen des späten Ostertermins besonders lang. Aber das fällt bei uns Oberfranken ja kaum auf. Bis der Bayreuther ein fröhliches „Awaaf" über die Lippen bekommt, ist der Aschermittwoch schon wieder vorbei. Meine Frau wurde einmal Zeugin eines Gesprächs am Freitag vor dem Faschingswochenende: „Seid ihr aa aufm Maxplatz am Sundooch?" „Naa, mir fohrn wech. Fasching in Bareith is grod so lustich wie a Beerdichung in Hummeldool."

Eigentlich schade, dass uns hier am Obermain die Leichtigkeit des Feierns etwas abgeht. Etwas fröhlicher könnten wir schon sein. Leben wir nicht sogar in einer „Genussregion", in der man sich über unglaublich viel von Herzen freuen kann?

Christlich begründen lassen sich heruntergezogene Mundwinkel jedenfalls nicht. Denn auch die Bibel kennt das herzhafte Lachen und die überbordende Freude. Ich denke etwa an die Geschichte von Sarah, der alten Frau Abrahams, die immer kein Kind bekommt. Und als Gott ihnen sagt, dass sie einen Sohn bekommen werden, müssen beide lachen. Als sie dann tatsächlich schwanger wird, wandelt sich ihr ungläubiges Gelächter in ein freudiges Lachen. Sie nennen ihr Kind schließlich Isaak, was „Gott lacht" bedeutet. Diese Geschichte zeigt: Man kann sogar über Gott lachen, ohne in die Hölle zu kommen.

Genießen Sie die zehn Tage bis Aschermittwoch, denn Lachen tötet die Furcht!

26.2.2017

Fastenzeit im Kopf

Beginnt für Sie in dieser Woche wieder die Fastenzeit, bzw. die Passionszeit? Was ist für Sie der Unterschied zu den „normalen" Zeiten? Für die meisten Leute geht das Leben ab Aschermittwoch weiter wie gewohnt: Business as usual, tägliches Einerlei, der übliche Trott, oder schlimmer noch, der ganz normale Wahnsinn, die gewohnte Hetze bis zur Erschöpfung. Sie verpassen eine große Chance!

Die Alten waren weise, als sie solche Zeiten einführten und damit die gewohnte Lebensführung unterbrachen. Die mittelalterlichen Fastenregeln erlaubten nur eine Mahlzeit am Tag. Der Verzehr von Fleisch, Milchprodukten, Alkohol und Eiern war verboten. Darauf geht die Tradition zurück, in den Fastnachtstagen Backwerk mit Zutaten wie Milch, Eier, Zucker oder Schmalz herzustellen, z.B. Krapfen, um diese verderblichen Vorräte aufzubrauchen. Der Fastnachtsdienstag heißt im französischsprachigen Raum dementsprechend Mardi Gras (fetter Dienstag), im englischsprachigen Pancake Tuesday (Pfannkuchendienstag). Erst ab 1486 war der Verzehr von Milchprodukten in der Fastenzeit wieder erlaubt.

Mit der Reformation gerieten die Fastenregeln unter Verdacht. Martin Luther formulierte:

„Kein Christ ist zu den Werken, die Gott nicht geboten hat, verpflichtet. Er darf also zu jeder Zeit jegliche Speise essen."

Seine theologische Pointe lag dabei in seiner Rechtfertigungslehre, weil Luther die Gefahr sah, dass der Mensch mit seinem Handeln, also etwa der Einhaltung von Fastengeboten Gott gefallen wolle. Er verstand das Fasten eher als eine

Art geistliches, individuelles Trainingsprogramm. Nicht um Speiseregeln geht es, sondern um das Aufbrechen eigener Gewohnheiten, damit der Heilige Geist im persönlichen Leben Raum bekommt.

Heute holen uns die alten Fastengebote ganz anders wieder ein. Immer mehr Menschen verzichten freiwillig und nicht nur zu bestimmten Zeiten auf den Verzehr von tierischen Produkten. Vegan zu leben ist gerade für viele Junge mittlerweile eine sehr entschiedene Haltung geworden, gekoppelt an die Einsicht, dass Tiere unsere Mitgeschöpfe sind.

Dass es gut ist, wenigstens eine Zeit lang auf Fleisch, auf Alkohol und Tabak zu verzichten, dazu muss man nicht erst Veganer oder Abstinenzler werden, das begreift man als vernünftiger, gesundheitsbewußter Mensch auch so.

Ich persönlich halte eine neue Art des (Kopf-)Fastens für sehr zeitgemäß, um dem „normalen Wahnsinn" Einhalt zu gebieten, nämlich das Programm der evangelischen Fastenaktion „Augenblick mal! - Sieben Wochen ohne Sofort": Bis Ostern den Alltag entschleunigen, eine neue Perspektive einnehmen, entdecken, worauf es ankommt im Leben. Das geht!

Wie? Das Smartphone nur zu bestimmten Stunden anschalten. Die Facebookseite mal nur an den Wochenenden anklicken, Die Whatsappgruppe unbeachtet lassen. Stattdessen sensibel werden für die eigentlichen Lebensdefizite und unglaublich viel Zeit und Ruhe und Geist gewinnen!

5.3.2017

Invokavit - Passionszeit?

Passionszeit? Leidenszeit. Jetzt hat sie wieder begonnen, diese Zeit, in der jedes Jahr aufs Neue die Erzählung von dem Mann zu hören ist, der schrecklich leiden muss und dann am Ende alles verliert, sogar sein Leben. Eine Loser-Geschichte also? Loser, Verlierer, Schwächlinge, - solche Figuren waren noch nie groß angesehen. Heutzutage schon gar nicht, wo anscheinend nur noch der etwas zählt, der sich rücksichtslos durchsetzt, der über Leichen geht, der echte Gewinnertyp eben, der vor keiner Lüge zurückschreckt, keiner Tatsachen-verdrehung, keiner absurden Unterstellung. Hauptsache, es schadet dem Konkurrenten oder dem zum Gegner erklärten Mitmenschen. Die Gewinner machen angeblich Geschichte, - mit Geld, Einfluss und Macht.

Die Verliererzählung der Passionszeit vom leidenden und schließlich gekreuzigten Gottessohn ist jedoch für die vermeintlichen Gewinner dieser Welt schon immer ein ge-waltiges Ärgernis. Sie erzählt nämlich davon, dass die Leid-tragenden und die Sanftmütigen, dass die, die sich nach Ge-rechtigkeit sehnen und die Barmherzigen, dass die mit dem reinem Gewissen, die Friedfertigen und die Verfolgten, dass dieser ganze, erbärmliche Haufen von Losern, von elenden Verlierern, dass ausgerechnet die Kleinen und Harmlosen am Ende dann trotz allem den Triumph davontragen werden. Die Schwachen sind eben doch nicht die Dummen. In ihnen und nicht in den Haudraufs wird die Kraft mächtig sein, die das Leben bewahrt. Das Leben wird sich durchsetzen und nicht der Tod!

Karfreitag, Folter und Tod? Ja, das erlebt die Welt jeden Tag, Gott sei's geklagt. Aber dabei wird es nicht bleiben! Merkt auf, ihr Starken und Übermächtigen, ihr Dummenverführer und Massenmörder, ihr Volksbetrüger und Kleptokraten, ihr, die ihr glaubt die eigentlichen Deals zu machen, ihr Teufel, Lügner und Hassprediger dieser Welt: Nach Karfreitag kommt Ostern! Und ihr werdet es nicht verhindern können, so übel ihr auch seid!

Mit dieser großen Erzählung der Passionszeit behauptet sich seit zweitausend Jahren der immer wieder so heftig angefochtene Glaube der Christen. Es ist der Glaube an das Leben, an die Macht der Liebe und an die Wirksamkeit von Vergebung und Neuanfang. Es ist der unbeirrbare Glaube an den Anbruch der Herrschaft Gottes, an sein Reich. Das ist im Kommen, unaufhaltsam wie der Frühling.

Man kann diesen Glauben abtun, ignorieren, zum exotischen Hobby von religiösen Eiferern und Schwächlingen erklären. Man kann aber seine Wirksamkeit nicht wegdiskutieren. Am Ende hat es noch niemand geschafft, die Hoffnung und den Trost auszulöschen oder die Überlegenheit der Liebe über den Hass umzukehren.

Der heutige Sonntag Invokavit und die noch folgenden Tage der Passionszeit werden die Erzählung davon wieder kräftig erneuern. Selten war sie so aktuell und nötig, wie in diesem Jahr 2017. Wie gut, dass es die Passionszeit gibt und ihre Botschaft, gerade jetzt!

Altwerden

„Ist Altern eine Krankheit?" so beginnt ein wissenschaftlicher und zugleich recht launiger Vortragsabend über Anti-Aging-Medizin. Antwort: „Ja, weil man daran stirbt."

Der Saal im Iwalewa-Haus ist überfüllt. Sehr viele, nicht nur alte Menschen möchten erfahren, wie sie ihrem Leben 15 Jahre hinzufügen können. Der Jungbrunnen, der aus alt wieder jung macht, ist freilich ein immerwährender, aber leider unerfüllbarer Traum. Erstaunlich ist es schon, wie sehr sich die Lebenserwartung seit etwa 200 Jahren bei uns vergrößert hat. Doch bei allem medizinischen Fortschritt - irgendwo wird bald die Grenze erreicht sein, wo man noch von menschlichem Leben reden kann. Eine Existenz als unsterbliche Biomaschine, halb Mensch, halb Roboter, die man bei Bedarf mit Ersatzteilen repariert und restauriert wie einen Oldtimer - wer wünscht sich denn sowas?

„Des Menschen Leben währet siebzig Jahre, und wenn's hochkommt, so sind's achtzig Jahre" lehrt uns der 90. Psalm. Und daran ändert auch alle Anti-Aging-Medizin kaum etwas. Sie kann etwa die sogenannten exogenen Todesarten nicht ausschalten. Es nützt wenig, Vitamine zu schlucken (was ohnehin eine zweifelhafte Geschichte ist), wenn mir bei bester Gesundheit im blühenden Alter von 30 Jahren ein Dachziegel den Schädel spaltet.

Ich denke an die Neunzigjährige, die ich beim Geburtstagsbesuch bewunderte, wie fit und wie gut sie noch zu Fuß sei. Antwort: „Ach, Hauptsache, man ist im Kopf gut zu Fuß!" Beweglich bleiben, nicht nur sportlich, sondern auch geistig, das sei das Geheimnis vom Altwerden. Zwei Jahre drauf haben wir sie beerdigt und zurückgeschaut auf ein reiches und durch und durch erfülltes, sinnvolles Leben. Noch bis ganz zuletzt hatte sie, die Krankenschwester, Kontakt zu ehemaligen Patienten. Und das waren die Querschnittsgelähmten aus dem alten Versorgungskrankenhaus.

Martin Luther übersetzt Psalm 90 weiter: *„und wenn's köstlich gewesen ist, so ist's Mühe und Arbeit gewesen. "*

Das finde ich schon sehr interessant, dass ein „köstliches Leben" keines ist in Saus und Braus, kein immerwährender Urlaub unter Palmen, keine Party rund um die Uhr, sondern „Mühe und Arbeit". Und sicherlich nicht immer einfach.

Sich lebendig spüren, darum geht es. Und zwar heute und jetzt! Weil das, was ich jetzt gerade tue, was ich denke, höre, sehe, schmecke, rieche, lese, rede, träume und fühle mich glücklich macht. Weil mich dieser, gerade jetzt gegenwärtige Moment meines Lebens zutiefst erfüllt und von Herzen zufrieden macht. Weil ich merke, es ist wirklich gut, dass es mich gibt, dass ich leben darf!

Man muss es sich immer wieder bewusstmachen, wie lebendig und deshalb glücklich man eigentlich ist, sonst bringen wir unsere Jahre tatsächlich zu *„wie ein Geschwätz"* (ebenfalls Psalm 90), und auf einmal ist es vorbei. Und dann? Wo war dann der Sinn?

Also, nicht mit Gewalt dem Leben mehr Jahre geben, sondern den Jahren mehr Leben!

19.3.2017

Versöhnungsjubiläen

Dieses Jahr ist ein Jahr der Jubiläen. Zwei stechen für mich heraus. Das große 500. Reformationsjubiläum natürlich und der 60. Jahrestag der Unterzeichnung der Römischen Verträge, der Geburtsstunde der Europäischen Union.

Am 25. März treffen sich hierzu die Vertreter der Mitgliedsstaaten in Rom, doch der Jubel ist verhalten. Zu schwer wiegen die gegenwärtigen Schwierigkeiten. Dabei können wir für diese Verträge gar nicht dankbar genug sein. Sie sind die Ursache für die längste Friedensperiode, die es auf unserem Kontinent je gab und der Grund für die Überwindung jahrhundertealter Feindschaften.

Noch 1970 wurden wir bei der Busfahrt mit der Evangelischen Jugend nach Südfrankreich auf einem Rastplatz bei Lyon als verfluchte Deutsche beschimpft und mit Steinen beworfen. Das ist heute anders, aber die Europabegeisterung droht zu schwinden. Viele junge Menschen merken jedoch gerade nach dem Brexit und der Wahl von Trump, dass die Idee eines vereinten Europas tatsächlich alternativlos ist. Immer mehr schließen sich zusammen in der Bewegung Pulse of Europe, die jetzt vor den anstehenden Wahlen in vielen Städten Europas jeden Sonntag zu Kundgebungen mit Europafahne und - Hymne auf die Straße geht. Gerade die stillen Befürworter Europas sollen Flagge zeigen können!

Der Europagedanke war ja nie nur die Idee eines großen, für alle vorteilhaften Wirtschaftsraums, sondern barg immer auch die Chance der Versöhnung mit den Nachbarn. Und das ist auch das Stichwort für das Reformationsjubiläum: Versöhnung. Wer die 500 Jahre seit jenem 31. Oktober 1517 unvoreingenommen betrachtet, der sieht nicht nur die Errungenschaften, sondern auch die Opfer der Reformation. Hunderttausende, ja Millionen von Toten waren die Folgen, vor allem durch den dreißigjährigen Krieg, der auch unsere Region keineswegs verschont hat.

Vor einer Woche fand im Rahmen des Jubiläumsjahres in St. Michael in Hildesheim ein großer ökumenischer Versöhnungsgottesdienst statt mit Bundespräsident, Bundeskanzlerin und beinahe der gesamten Staatsspitze. Darin mehrmals das Bekenntnis von historischer Schuld samt der Bitte um Vergebung, geäußert von den Spitzen der evangelischen und katholischen Kirche in Deutschland, EKD-Ratsvorsitzender Heinrich Bedford-Strohm und Reinhard Kardinal Marx. „Uns Christen bekommt niemand mehr auseinander", sagte Marx. In wenigen Jahren werden die Christen nicht mehr die Mehrheit in Deutschland ausmachen. Ob von ihnen jemand katholisch oder evangelisch ist, wird dann niemanden mehr ernsthaft interessieren. Das haben die beiden großen Konfessionen inzwischen begriffen, endlich!

Versöhnung ist ein Zauberwort. Alte Ehepaare, die ihr Goldenes oder gar Eisernes Hochzeitsjubiläum vorbereiten, wissen das vielleicht am besten. Aber muss man erst 50, 60 Jahre verheiratet sein um zu begreifen, dass Liebe und Gemeinsamkeit weiterbringen als Streit und Trennung? Das geht schon früher. Auch in Europa.

Lätare - Ostergras

Im Kindergottesdienst haben sie vor einigen Wochen Ostergras in einen großen Blumenkasten gesät. Jetzt schauen die grünen Spitzen hervor. Die Samen gibt es nicht mehr, junge Schösslinge sind daraus geworden und die Kinder begreifen, was das Bibelwort von heute meint, wenn es sagt:

„Wenn das Weizenkorn nicht in die Erde fällt und stirbt, bleibt es allein; wenn es aber stirbt, bringt es viel Frucht. Wer sein Leben liebt, wird es verlieren; und wer sein Leben in dieser Welt hasst, wird es zum ewigen Leben bewahren." (Johannes 12, 24)

Etwas muss vergehen damit neues Leben entstehen kann. Sterben, um zu leben? Das Leben in dieser Welt hassen, um es zum ewigen Leben zu bewahren? Wie sollen wir das verstehen?

Diese Sätze wurden ja lange missverstanden, etwa so:

Hier, in diesem Leben lebe ich anständig und moralisch, ich opfere mich für andere auf und dann bekomme ich nach meinem Tod den Lohn dafür im Himmel in Form des ewigen Lebens. Und wenn ich besonders aufopferungsvoll war? Dann bekomme ich sogar einen Fensterplatz! - Na ja.

Im Grunde geht es um Entwicklungsaufgaben. Wir bleiben nur lebendig, wenn wir uns ständig verändern und uns neuen Herausforderungen stellen und die Verbindung zu den anderen stärken. Tot bin ich, wenn ich mich den ganzen Tag vor den Fernseher hocke, mich unterhalten lasse, mir ab und zu ein paar Chips hole und ein Bier aufmache und mich ansonsten für die Menschen in meiner Umgebung nicht interessiere. Wenn ich so lebe, dann lebe ich an dem Leben, das

Gott mir geschenkt hat, vorbei, und ich bin eigentlich schon tot, bzw. auf dem Weg in den ewigen Tod.

Anders, wenn ich mich an diesen Jesus halte: Dann interessiere ich mich - wie er! - für die Anderen. Dann nehme ich Anteil daran, wenn die Nachbarin über Schmerzen klagt, dann lasse ich den Freund erzählen, warum er nachts nicht mehr schlafen kann. Ich halte mit ihm zusammen seine Angst aus. Dann höre ich meiner Schwiegertochter zu, wenn der Stress an der Uni zu groß wird. Wenn wir so leben, dann verlieren wir freilich etwas von unserer eigenen Lebenszeit; Zeit, die wir dann nicht unserem eigenen Vergnügen widmen können. Aber wir gewinnen dafür neues und viel intensiveres Leben!

Dazu muss man allerdings wesentliche Teile des eigenen Lebens hassen! Hass ist ein starkes Gefühl und es braucht starke Gefühle, um etwas im eigenen Leben zu verändern! Wir müssen die Ungerechtigkeit hassen, damit wir lernen uns für die Gerechtigkeit einzusetzen. Wir müssen den Krieg hassen, wenn wir den Frieden wollen. Wenn wir etwas Falsches und Böses nicht hassen, werden wir nicht die Kraft finden, dagegen zu kämpfen, um uns und andere daraus zu befreien.

Gibt es denn in Ihrem Leben nicht genug, was Sie tatsächlich hassen, an sich selbst, in Ihrer Familie? Dann hassen Sie bitte das, was in Ihrem Leben schiefläuft, um es zu verändern. Der Weg in ein gutes, sinnvolles Leben führt darüber, dass wir Dinge, die falsch sind, aufgeben.

Manches in uns muss sterben, damit wir lebendiger werden können.

2.4.2017

Reminiscere - Glaubensprüfung?

In den evangelischen Gottesdiensten geht es heute um einen Predigttext, vor dem ich mich als Gemeindepfarrer gerne gedrückt habe, weil die Geschichte so aberwitzig und grauenhaft ist. Sie lässt den Atem stocken und stellt all unsere Bilder von einem liebevollen, freundlichen Gott auf den Kopf.

In dieser Geschichte ist Gott scheinbar nicht der Freund der Kinder, sondern ein blutrünstiges Monster und verlangt Unglaubliches: Ein Vater soll mit seinem über alles geliebten Sohn zu einem fernen Berg gehen, ihn dort schlachten und ihm als Brandopfer darbringen. Abraham macht das tatsächlich. Erst im allerletzten Moment wird er von einem Engel gestoppt.

Um blinden, blöden Glaubensgehorsam scheint es in dieser Geschichte zu gehen, um brutalen Fanatismus, um einen verblendeten, bärtigen Patriarchen, der rücksichtslos selbst das Leben seines Kindes wegzuwerfen bereit ist. Solche Typen schicken auch Selbstmordattentäter auf den Weg. Die Welt schüttelt den Kopf: wofür und wozu dieser lebenszerstörende Wahnsinn? Was für ein monströser, kranker Glaube!

Bei Abraham jedoch geht die Geschichte abrupt anders aus: *Leg deine Hand nicht an den Knaben und tu ihm nichts,* lässt Gott den Engel ausrichten (1. Mose 22,12). Dem Verblendeten öffnen sich die Augen. Er sieht einen Widder, das typische Schuldopfertier, im Gestrüpp mit seinen Hörner hängen und opfert ihn zum Brandopfer an seines Sohnes statt. Er hat begriffen:

Gott will das Leben, nicht sinnlose Opfer.

63

Man hat diese Urvätergeschichte der Bibel später als die Erzählung vom Übergang vom Menschen- zum Tieropfer verstanden: Um den vom Ungehorsam der Menschen erzürnten Gott zu versöhnen, braucht es nicht mehr den Tod des Sünders oder eines menschlichen „Ersatzes", es reicht das Blut eines Opfertieres. Immer noch schrecklich genug.

Eine andere „Opfergeschichte" der Bibel ist nicht minder grauenvoll. In der Geschichte des Christentums wird der Kreuzestod Jesu oftmals so interpretiert, dass Gott seinen Sohn geopfert habe für »die Erlösung der Menschen«. Für sehr viele Menschen ist dieser Gedanke jedoch absurd: Was für ein Vater, der sein Kind opfert! So soll Gott sein?

Der Evangelist Johannes sieht dies anders: Es ist nicht Gott, der dieses Opfer verlangt!

Nach Johannes sind es die Mächtigen, die Aufruhr befürchten durch diesen Jesus. Es sind Menschen, die die Gegenwart Gottes in Jesus, das Heilige in ihrer Mitte, diese Nähe von unbedingter Liebe nicht ertragen können. Die Nähe Gottes stellt die Macht der Menschen in Frage. Aber sie wollen ja selber »sein wie Gott«. Da stört seine Nähe. Deshalb muss dieser Jesus, in dem sie Gott und seine Wirklichkeit erkennen, beseitigt werden. So war es für sie beschlossen, dass sie ihn töteten: *„Es ist besser für euch, ein Mensch sterbe für das Volk, als dass das ganze Volk verderbe."* (Johannes 11, 50)

Macht und Gier machen Fanatismus und bringen Menschenopfer! Die Liebe bringt niemanden ans Kreuz und braucht keine Opfer. Ach, wenn doch Gott allen Verblendeten in den Arm fallen möchte, auf dass sie begreifen:

Er ist der Gott des Lebens!

Karfreitag - Der gekreuzigte Gott

„Warum hängt ihr Christen euch ein Hinrichtungsinstrument als Schmuck um den Hals?" fragt ein muslimischer Asylbewerber aus dem Irak im Deutschunterricht. Ein äthiopischer Christ will antworten, aber scheitert an den Sprachkenntnissen. Es ist auch schwer zu vermitteln: ausgerechnet ein Kreuz als Hauptsymbol unserer Religion! Bei Paulus können wir nachlesen, wie anstößig das damals schon war.

Aber die Antwort auf diese Frage öffnet überraschend den ganzen Horizont christlichen Glaubens. Es ist die Geschichte von Jesus, wie sie in den Evangelien erzählt wird: Die Erzählung von dem vollmächtigen Prediger und Heiler, der sogar mit Sündern und Zöllnern zu Tisch sitzt, dem die Menschen bei seinem Einzug in Jerusalem schon mal Blumen und Palmzweige auf den Weg streuen. Aber nur fünf Tage darauf brüllen sie „Kreuzige ihn!" So ist dies auch eine Geschichte über uns Menschen selbst, wie Verehrung, Begeisterung, ja Fanatismus ganz schnell in blanken Hass umkippen können. Davon könnten die Asylbewerber viel erzählen. Und von Leid und Kriegsschrecken, von Flucht vor grausamem Tod.

Es ist eine Stärke der christlichen Religion, dass Leiden und Tod nicht verdrängt werden. Und dass gleichzeitig Leiden und Tod nicht das letzte Wort behalten. Im Zeichen des Kreuzes kann all die Ungerechtigkeit, alles Leiden, alle Gewalt, alle Sünde gegen das Leben einen Ort finden und benannt, beklagt und angeklagt werden. Aber, - für die Muslime ist das schon gotteslästerlich - das Kreuz ist eben auch und vor allem ein Symbol der Hoffnung. Gott nimmt das Menschenschicksal schwersten Leids auf sich, er weiß, wie es dem zu Tode Gequälten geht. Gott selbst stirbt am

Kreuz. Wer soll das fassen? Aber wenn er nicht den Tod auf sich nimmt, kann er ihn auch nicht besiegen. Dann bliebe der Welt nur das schaurige Ende des Karfreitags, dann blieben all die Schreckensorte, die die jungen Männer kennenlernen mussten, die letzte Wirklichkeit und Wahrheit. Aber nach Karfreitag kommt Ostern! Das ungläubige Staunen zuerst, dann der Jubel: „Der Herr ist auferstanden, er ist wahrhaftig auferstanden, Halleluja!"

Das Kreuz ist leer. Das, was den schlimmsten Tod bedeutet, wird zum Auferstehungssymbol. Der Tod, Golgatha, all die Schreckensorte haben nicht das letzte Wort. Die Worte dieses Jesus, dass Gottes Reich mit ihm anbricht, - jetzt kann man sie mit ganz anderen Ohren hören. Es ist Gottes Liebe zu seinen Menschen, die aus einem Hinrichtungsinstrument ein Hoffnungs- und Lebenssymbol werden lässt. Deshalb tragen es so viele Christen. Deshalb gehört es in die Öffentlichkeit und auf die Spitzen unserer höchsten Türme und Berge.

Wir schauen auf das Kreuz, weil wir Realisten sind. Wir wissen, wie der Tod die Welt beherrschen will.

Wir schauen auf das Kreuz, weil wir, - anders als die anderen -, nicht ohne Hoffnung sind, und wissen, dass die Welt nur aus Gottes Liebe leben kann.

16.4.2017

Ostern - Auferstehung

„Ich habe den Vorplatz vor meinem Elternhaus richten lassen, das alte Asphaltflickwerk und die Pflastersteine raus und eine dicke Schicht Splitt drüber. Jetzt sieht es wieder ordentlich aus. Und stellen Sie sich vor, auf einmal kommen kräftige Büschel mit Tulpen hoch, drücken sich durch den Splitt und tragen dicke Blütenknospen. Die Zwiebeln müssen jahrzehntelang im Boden gesteckt haben!" erzählt die Kundenberaterin so nebenbei.

Ist das Auferstehung? Etwas, das aussah wie tot, lebt? Nein, Auferstehung ist das nicht, aber ein schönes Bild dafür. Im Grunde ist das ja in der ganzen Natur so. Die Blätter fallen von den Zweigen, über den Winter sehen sie wirklich aus wie abgestorben und dann treibt im Frühjahr neues Leben aus ihnen heraus. Zurzeit ja fast explosionsartig. Das Leben beginnt neu, geht weiter.

Ostern, Auferstehung meint etwas Anderes. Da entsteht etwas völlig Neues. Tot ist tot – aber es bleibt nicht dabei. Die Auferstehung Jesu am Ostermorgen, am dritten Tag nach seinem Tod am Kreuz, beschreibt die Bibel nicht als Rückkehr eines Toten in das irdische Leben. Es geht nicht um Reanimation, vielmehr geht es um eine Verwandlung zu einem neuen, unvergänglichen Leben. Jesus ist der Erste, an dem Gott zeigt, dass seine Liebe zum Leben stärker ist als der Tod. Die Rede von der Auferstehung, bzw. Auferweckung drückt das Geschehen bildhaft aus: Wie man vom Schlaf aufsteht oder geweckt wird, so soll es auch den Toten einmal widerfahren. Ostern ist die Initialzündung dazu. Paulus wird diesen Vorgang später „Neuschöpfung" nennen.

Damit können wir kritischen und nüchternen Bewohner einer technischen Welt, die sich längst auf die Reise an die Enden des Universums und der Zeit aufgemacht haben, vielleicht am ehesten etwas anfangen.

Ostern, der Vorgang der Auferweckung, fand jenseits menschlicher Beobachtung statt. Die Auferstehung ist von den Christen immer als Wunder verstanden worden, als Eingreifen Gottes in unsere Welt, menschlichem Begreifen entzogen und dennoch nicht unzugänglich. Dass wir nach diesem Leben auf dieser Welt als neue Geschöpfe und Schwestern und Brüder Jesu anders und neu zu einem ewigen Leben in Gottes Universum geschaffen werden? Ich lebe lieber mit dieser Hoffnung, als mit der Aussicht auf die ewige Finsternis des Todes nach meinem Ableben.

Die Schweizer Sterbeforscherin Elisabeth Kübler-Ross hat versucht todkranken Kindern zu demonstrieren, was im Sterben geschieht. Sie hatte bei ihren Besuchen auf den Krankenstationen eine Handpuppe aus Stoff dabei, eine dicke Raupe. Man konnte sie umstülpen, so dass sie aussah wie eine tote Puppe. Noch ein bisschen dran gezupft - und aus der Puppe wurde ein wunderschöner, bunter Schmetterling!

Welch tröstliches Bild für das Sterben! Aber eben auch nur ein Bild für die Neuschöpfung, die Verwandlung, die an Ostern geschieht. Man findet Schmetterlinge übrigens auf manchen alten Grabsteinen auf unseren Friedhöfen. Die sagen nichts anderes als:

Der Herr ist auferstanden! Halleluja!

Quasimodogeniti - Neu geboren

Einen etwas seltsamen Namen hat der heutige Sonntag: „Quasimodogeniti". Mancher kennt ihn noch, den Quasimodo, den missgestalteten Glöckner von Notre Dame de Paris. Aber die jüngeren kennen diesen alten Film nicht mehr und wundern sich höchstens noch über den exotischen Namen: Quasimodo ... wie ja so vieles in der Kirche mittlerweile als etwas Exotisches, Fremdes empfunden wird. Quasimodogeniti heißt jedoch: Wie die Neugeborenen ...

Wie neugeborene Menschen sollen wir uns fühlen!

In der Kirche wird dieses Versprechen verknüpft mit dem Osterfest! Nach der Auferstehung Jesu, nachdem der Tod besiegt ist und uns Hoffnung auf ewiges Leben geschenkt wurde, sollen wir uns fühlen „wie die Neugeborenen!" – Aber mal ehrlich: Fühlen Sie sich so? Hat sich für Sie viel geändert an oder durch dieses Ostern 2017?

Heute geht es um den Zweifler Thomas, der das einfach nicht glauben kann, was ihm die anderen von Ostern erzählen. Denn - es bleibt ja alles beim Alten: Immer noch und immer wieder hält der Tod reiche Ernte, in den Krankenhäusern, auf den Straßen, in den Altenheimen, in den Konflikt- und Kriegsgebieten. Ja, sogar in den Familien gleich um die Ecke. Von wegen „neugeboren"! Alles ist doch wie immer! - bei Thomas und bei uns auch, fürchte ich. Wie schwer es ist zu glauben, ohne zu sehen!

Ich denke, die allermeisten verstehen diesen Thomas - und finden ihn sympathisch! Er spricht es klar und deutlich aus, was für viele Menschen heute auch gilt: „Ich kann nicht glauben, ich möchte ja schon, aber hinter meinem

Leben, hinter Arbeit und Alltag steht kein Glaube, wenn ich ehrlich bin. Ich lebe wie die, die ohne Hoffnung sind. Ich habe Ängste wie die, die nichts von diesem Christus wissen. Ich bin in allem verwechselbar mit denen, die nicht glauben können. Ich bin wie Thomas." –

All den „Thomanern" möchte ich jedoch gerne sagen: Vorsicht! Man arrangiert sich schnell mit einem Leben und einer Welt ohne Glauben. Bei vielen Gelegenheiten des Alltags steht einem der Glaube ja sogar im Weg. Er hindert einen z.B. daran die Ellenbogen zu gebrauchen, andere an die Wand zu drücken oder einfach nur faul und schläfrig zu sein. Sehr leicht wird deshalb aus einem „Ich kann nicht glauben" ein „Ich will nicht glauben!"

Glaube ist letztlich ein Geschenk, das wir auch verweigern können. Viele tun das und schreien dann: Glaube ist Quatsch! Dabei verändert der Glaube, wenn Gott ihn mir schenkt, mein Leben! Vielleicht Knall auf Fall, vielleicht in einer langsamen, stetigen Entwicklung, bis wir merken: He, da war ja Ostern, Auferstehung, neues Leben! Dann haben wir Sinn und Ziel und eine tiefe Freude am Leben gefunden. Dann werden wir uns fühlen, wie der Sonntag heute heißt, nämlich: "Quasimodogeniti - wie neugeboren"! Und wir werden anders leben: voller Hoffnung, wo andere längst nichts mehr hoffen.

Wenn wir nach Ostern noch so lebten wie vor Ostern, dann blieben wir bei dem alten, ja, dann blieben wir die Alten, und das wäre doch schrecklich, oder?

7.5.2017

Umleitung

Ja, ich habe mich auch geärgert, als plötzlich kein Durchkommen mehr war, aber inzwischen haben wir uns doch an die vielen, leider zeitgleichen Umleitungen in Bayreuth schon fast gewöhnt. Wir müssen halt für die nächsten Wochen ein paar Minuten mehr einkalkulieren für die Fahrt zur Arbeit oder zum Einkauf. Aber was war das erstmal für ein Geschrei, was für ein schreckliches Leid! „Münchner Verhältnisse!" Die Welt ging fast unter wegen dem „Stau am Ring", aber der listenreiche Bayreuther hielt stand. Erst verfluchte er aufs schärfste die „Bremser und Idioten" im Straßenbauamt und wünschte ihnen die schlimmsten Dinge an den Hals, dann aber nutzte er seine Schleichwege, - wenn möglich sogar quer durch den Hofgarten!

Mir gibt das zu denken, wie schnell so viele mit ihren Urteilen sind, wie hart und unangemessen mit ihren Worten und wie uneinsichtig sie auf „ihr Recht auf freie Fahrt" bestehen. Die Einschränkungen, die wir für kurze Zeit hinnehmen müssen, sind doch überschaubar! Die verantwortlichen Entscheider in den Ämtern und Behörden, die nun mal einen neuen Abwasserkanal oder Asphaltbelag in Angriff nehmen müssen, sind doch verantwortungsbewusste Planer und Spezialisten. Für wen machen sie das eigentlich? Die fahren selber auch nur ungern Umwege und nicht zuletzt deshalb schauen sie zu, dass der Verkehr so schnell wie möglich wieder rollt. Aber erst mal werden sie kübelweise mit Kritik und unflätigen Worten übergossen.

Gehört das mit zum allgemeinen Verfall des anständigen und respektvollen Umgangs miteinander? Dass die Beleidigungen immer lockerer sitzen? Dass sachliche Argumente nicht mehr gehört werden wollen? Dass immer mehr Leute sich persönlich gekränkt fühlen, weil sie einen Stau in Kauf nehmen müssen, weil sie bei einem Unfall nicht gaffen dürfen, oder weil sie ihren Dreck von der Mai-Party wieder mit nachhause nehmen sollen?

Nein, mein Eindruck trügt. Schlechtes Benehmen war früher auch nicht besser und ist nicht typisch für uns oder unsere Zeit. Rüpel gibt es nicht erst heute und das mühsame Beibringen von Anstand und Geduld ist eine nie endende Aufgabe für jede neue Generation.

Hilfreich kann dabei der Monatsspruch für Mai sein:

Eure Rede sei allezeit freundlich und mit Salz gewürzt." (Kolosser 4,6)

Wir dürfen schon kritische Töne anschlagen, ja sogar „gesalzene" Worte nutzen, aber eben „allezeit freundlich"! Deshalb ziehe ich den Hut vor unseren Polizistinnen und Polizisten, die mit Engelsgeduld tagtäglich Unglaubliches ertragen oder eben jetzt vor den Damen und Herren im Straßenbauamt, die sich am Telefon so viel Unflat anhören müssen. Dass sie es dann schaffen mit freundlichen Worten zu antworten, ist eine besondere Leistung, die man auch einmal würdigen muss.

Nehmen wir uns also für den Monat Mai vor, lieber freundlich als „gepfeffert" mit anderen zu reden, und zwar besonders und gerade dann, wenn wir uns über irgendwas ärgern.

14.5.2017

Muttertagswünsche

Was wünschen sich die Mütter heute zu „ihrem" Tag?

Natürlich schönes Wetter für einen tollen Familienausflug! Was wünschen sie sich noch? Eine große Schachtel Pralinen? Ein Blumenbukett? Ein ausgeschnittenes Herz mit Mama-Schriftzug? Ein nettes Dankgedicht für ihre hauswirtschaftlichen Tätigkeiten? Eine Marzipantorte? Frühstück ans Bett? Einen geklauten Strauß Flieder? Ein Kissen für die beste Mama? Oder lieber eine Tasse für die beste Mama? Ein Brillenputztuch mit Foto der Kinder? Ein Weinglas mit Gravur oder ein Herzbrettchen mit persönlichem Gruß, oder eine knallrote, herzförmige Blumenvase mit Goldrand?

Ich glaube, nein, ich bin mir sicher, den meisten Müttern hängt dies alles gewaltig zum Hals heraus, vielleicht mal abgesehen vom geklauten Fliederstrauß und dem Frühstück am Bett.

Ich denke heute besonders an die vielen Mütter, die z.B. um den Unterhalt für ihre Kinder kämpfen. Die wünschen sich gerade zum Muttertag eigentlich nichts von ihren Kindern. Die wünschen sich viel lieber die Steuerklasse 3, bezahlbaren Wohnraum, ein kostenfreies Schulbusticket, eine Grundsicherung für Familien und gesundes und leckeres Mittagessen für die Kinder in der Schule. Sie wünschen sich den gleichen, ermäßigten Mehrwertsteuersatz für Babywindeln und Kinderklamotten, wie er für Katzen- und Hundefutter zu zahlen ist.

Sie und alle anderen, auch die Väter, die Kinder großziehen, wünschen sich endlich die gesellschaftliche Anerkennung ihrer Erziehungsleistung, z.B. durch eine massiv höhere

Anrechnung der Erziehungs- und Familienzeit in der Rentenversicherung. Mütter und Väter verdienen einfach mehr Respekt und konkrete Unterstützung, weil sie es sind, die für das Fortbestehen von Staat und Gesellschaft sorgen, wer sonst? Respekt und Anerkennung nicht nur heute, sondern an 365 Tagen im Jahr.

Solange Mütter mit niedlich gestalteten Blümchen, Herzchen und Gedichtlein und dem ganzen Kitschkram aus dem Supermarkt oder Online-Shop zum Muttertag zufrieden sein sollen, kann von Respekt nicht die Rede sein. Damit wird nur abgelenkt von den tatsächlichen Bedürfnissen der Mütter und ihrer Familien.

Die Bibel sagt übrigens nichts Spezielles zum Muttertag oder zur Familie. „Vater, Mutter, Kind" kommen weniger vor. Vor allem geht es um die Nachkommen: Familie soll erhalten werden und wachsen. Dass das nicht immer „normgerecht" geschieht, zeigt schon die Geschichte der „Heiligen Familie": Maria, noch unverheiratet, wird schwanger. Josef, ihr Verlobter, ist nicht der Vater. Er trägt sich mit dem Gedanken, Maria zu verlassen. Die Geburt findet unter immensen Schwierigkeiten statt. Jesus wird in Widrigkeiten hineingeboren.

Hat sich inzwischen viel geändert an den Rahmenbedingungen für Mutterschaft und Familie? Ich bin gespannt auf die Nachrichten heute Abend. Es wird wieder schöne Sonntagsreden geben mit viel geheucheltem Lob für die Opferbereitschaft der Mütter, aber ob man von ihren tatsächlichen Wünschen auch etwas hören wird?

74

Leitkultur Freiheit

Da ist sie wieder, die Debatte um die deutsche „Leitkultur", die Diskussion, was denn nun „deutsch" ist und was nicht. Nun gut, „Wir sind nicht Burka", wer hätte das gedacht! Es geht um die Integration von Zuwanderern und immerhin 53 % der Deutschen befürworten deshalb klare Vorgaben einer „deutschen Leitkultur". Da sollten wir schon aufpassen, denn die Forderung nach der „einheitlichen Kultur" war eine zentrale Forderung des Nationalsozialismus. In einer freiheitlichen Demokratie dagegen kann es Kultur per definitionem ausschließlich als Pluralität, Vielfalt und Unterschiedlichkeit geben. Gerade auch in unserer deutschen Kultur, deren eigentlicher Schatz ihre grandiose Mannigfaltigkeit ist.

Wer darf nun festlegen, was daraus auszuwählen ist, was denn nun die „deutsche Norm" sein soll? Wer sich bei den Zuwanderern und Flüchtlingen – wir sollten da sehr klar unterscheiden! – umhört, warum ausgerechnet Deutschland ihr Sehnsuchtsziel ist, der hört viele Antworten. Ein Hauptmotiv aber ist die Freiheit, in der man bei uns leben kann. Den meisten „Biodeutschen" ist das gar nicht bewusst. Klar, etwas, das angenehm ist, gehört gleich zu den selbstverständlichen Ansprüchen. Aber nichts ist selbstverständlich. Auch nicht die Freiheit! Wir haben sie nicht selbst errungen, sondern sie ist uns von den Siegermächten des 2. Weltkriegs erkämpft worden. Am 8. Mai 1949 wurde sie uns mit dem Grundgesetz geschenkt.

Wenn irgendetwas die „deutsche Norm" festlegt, dann das Grundgesetz. Es ist das leidenschaftliche Bekenntnis zu einem ganz spezifischen Menschen-, Gesellschafts- und Weltbild, das auf humanen, humanistischen Werten beruht. Auch auf zentralen christlichen Werten wie jenen der Liebe und Nächstenliebe. Alles, unsere Wirtschaft, unser Wohlstand und der Frieden beruhen auf diesen Werten. Nur so bewahren wir unsere Wirklichkeit, die so lebenswert und liebenswert und heißbegehrt ist.

Natürlich wird die Integration von vielen neuen Menschen aus vielen anderen Kulturen nur funktionieren, wenn wir diese Prinzipien unserer Leitkultur für uns selbst und für sie uneingeschränkt zur Geltung bringen. Dazu gehören „Männer und Frauen sind gleichberechtigt", oder das Recht auf „die freie Entfaltung der Persönlichkeit", auf „körperliche Unversehrtheit" usw. Die Religionsfreiheit steht dabei ganz vorne, eine ganz besondere Leitkulturfrage, da sie grundlegend für alles „Private" und die tiefsten Überzeugungen jedes einzelnen steht. „Die Freiheit des Glaubens, des Gewissens und die Freiheit des religiösen und weltanschaulichen Bekenntnisses sind unverletzlich", heißt es wunderbar endgültig – und der demokratische Staat ist der Gewährleister!

Was für eine epochale Errungenschaft dies ist, lehrt uns gerade jetzt der Rückblick auf unsere Geschichte durch das Reformationsjubiläum. Die Deutschen haben auch diese Freiheit nur durch allerschwerste, brutalste Erfahrungen errungen.

Pfingsten - O komm, du Geist der Wahrheit

Pfingsten, das liebliche Fest, war gekommen!
Es grünten und blühten Feld und Wald;
Auf Hügeln und Höhn, in Büschen und Hecken
Übten ein fröhliches Lied die neuermunterten Vögel;
Jede Wiese sprosste von Blumen in duftenden Gründen,
Festlich heiter glänzte der Himmel und farbig die Erde.

Ich freue ich mich über diese Jahreszeit und wenn es irgend geht, werde ich heute und morgen irgendwo in der Fränkischen oder im Fichtelgebirge mit dem Wanderstock unterwegs sein. Goethes Worte zum „lieblichen" Pfingstfest (aus „Reinecke Fuchs") kommen mir dazu gerade recht.

Aber der Blick in die blühende Natur soll mir nicht den Blick verstellen auf die Wahrheit dieser Welt: Dass z.B. das Klimaschutzabkommen, das so dringend nötig ist, um eben diese blühende Natur auf unserem kleinen Planeten vor dem Schlimmsten zu bewahren, in Gefahr geraten ist. Aber die geistlosen Trumps dieser Welt sind es nicht alleine, die den Klimawandel durch den ungebremsten Temperaturanstieg zu verantworten haben. Allzulange schon haben wir alle die Augen verschlossen vor den Folgen ungebremsten Wachstums, der eigentlichen Ursache. Wir sind Meister im Verdrängen langfristiger Nachteile, wenn es um kurzfristige Vorteile geht.

Fazit? Wir haben Pfingsten bitter nötig! Weil uns dieses Fest mit dem Geist der ungeschminkten Wahrheit konfrontiert. Weil es uns, wie kein anderes Fest, Gottes allumfassende, ständige Gegenwart vor Augen führt.

Wer sich also heute oder morgen tatsächlich aufmacht in Gottes herrliche Natur, sollte in seinen frohen Gedanken den Schöpfer loben, der das Leben so wunderbar Jahr um Jahr erneuert. Jeder Schmetterling, jedes Vogelgezwitscher, jedes Blütenblatt und jede duftende Heuwiese ist ein Fingerzeig auf den Gott des Lebens: Ja, er ist gegenwärtig in seiner Schöpfung, - aber eben auch durch den Geist Jesu Christi. Christus hat uns gelehrt, was eigentlich „selig" macht und die Wahrheit ist, dass wir uns dem Geist der Liebe, den er ausgegossen hat über die Menschen, immer wieder aus lauter Egoismus entziehen - mit den bekannten Folgen.

Deshalb braucht es die Gemeinschaft derer, die sich anstecken lassen wollen von diesem Geist der Liebe und der Wahrheit. Aber die werden wir selten im Wald finden. Eher bei denen, die sich dem Feuer der Pfingstbotschaft aussetzen. Die erzählt uns, was Gottes Geist mit Menschen macht, die sich von ihm infizieren lassen und deshalb ihr Leben neu ausrichten. Solche Menschen verstehen sich plötzlich, reden nicht mehr in „fremden Zungen", packen das Leben neu und gemeinsam an und lassen sich von den Geistlosen nicht entmutigen!

Das ist die andere Pfingstgeschichte, die heute zu hören ist. Falls Sie sich nicht mehr erinnern sollten, dann gehen Sie doch heute oder morgen mal wieder in die Kirche, bevor Sie sich zum Spaziergang aufmachen. Schließlich ist Pfingsten nicht weniger bedeutsam als Weihnachten oder Ostern.

Lassen Sie es also jetzt Pfingsten für sich werden!

11.6.2017

Trinitatis - Dreifaltigkeitschlag

Eigentlich müsste die Stadtkirchengemeinde heute Kerwa feiern, denn der Name der Stadtkirche „Heilig Dreifaltigkeit" ist ja nichts anderes als die deutsche Bezeichnung für den heutigen Sonntag „Trinitatis". Gemeint ist die christliche Glaubensvorstellung von Gott in dreierlei „Person" und doch als Einheit:

Der Vater, der als göttliche Schöpferkraft die Ursache des ganzen Kosmos ist, der Sohn Jesus Christus, in dem Gott Menschengestalt angenommen hat, und der Heilige Geist, in dem Gott unsichtbar allgegenwärtig ist.

Deswegen die Rede vom „dreieinigen" oder „dreifaltigen" Gott.

Allerdings bekam die Stadtkirche ihren Namen erst mit der Wiedereinweihung 1614. Zuvor hieß sie Magdalenenkirche. Wir wissen nicht, warum sie umbenannt wurde, aber vielleicht ging es damals darum, sich von den katholischen Heiligen abzuwenden. So schreibt hundert Jahre später Dekan Hagen, weder die bisherige Namenspatronin Maria Magdalena noch ihre Reliquien hätten gegen die Feuersbrünste von 1430 beim Hussiteneinfall und 1605 beim verheerenden Stadtbrand helfen können. Dass der neue Name allerdings ebenfalls keine Versicherung war gegen den nachfolgenden Brand von 1621, übersieht er geflissentlich. Vielleicht ging es aber auch um die Betonung der Trinitätslehre als Grundlage christlichen Glaubens, weil sich das Osmanische Reich so gefährlich ausbreitete und man Angst hatte vor dem Islam.

Für Markgraf Christian Ernst, der 1683 maßgeblich daran beteiligt war das von den Türken eingeschlossene Wien zu befreien, war die Dreifaltigkeit Gottes eine Herzenssache. Täglich wollte er seine Bayreuther an das Bekenntnis zum dreieinigen Gott erinnern „gegen den kruden Monotheismus des Islam". Deshalb führte er einen besonderen Glockenschlag ein, den so genannten „Türkenschlag". Bis heute kann man ihn jeden Tag hören. Achten Sie mal darauf, wenn Sie um die Mittagszeit in der Nähe der Stadtkirche sind. Sie hören nach dem Stundenschlag für zwölf Uhr und noch vor dem Mittagsgeläut dreimal je drei Schläge von der größten Glocke: Zeit genug für ein christliches Glaubensbekenntnis! Ein tägliches Gebet, mitten in der Stadt, mitten im Leben.

Lange Zeit dachte ich, der „Türkenschlag" sei ein besonderes Alleinstellungsmerkmal der Stadtkirche, aber dann hörte ich ihn plötzlich im Urlaub auf Korsika vom Turm einer uralten Kirche mitten im waldigen Hinterland. Ein besonderes Geschichtsvermächtnis, denn Korsika wurde ja jahrhundertelang von den islamischen Sarazenen heimgesucht und die christliche Bevölkerung behielt trotzdem ihren Glauben und ihre Identität.

Ich würde den „Türkenschlag" von der Stadtkirche nicht abschaffen, wie es andere Kirchengemeinden - leider! - getan haben, aber ich würde ihn umbenennen in „Dreifaltigkeitsschlag". Einfach weil wir durch ihn täglich daran erinnert werden, wer wir sind und woran wir glauben – ohne dass wir dazu irgendwelche alten Feindbilder bemühen müssen.

18.6.2017

Was glaubt Deutschland?

Letzten Montag sah ich einen Beitrag in der ARD-Themenwoche „Was glaubt Deutschland". Der Redakteur Steffen König, evangelisch und Vater zweier Kinder, befragte Vertreter verschiedener Glaubensrichtungen. Es ging ihm insbesondere um die jeweilige Antwort zu der Glaubensfrage schlechthin: Was kommt nach dem Tod?

Der Katholik im Film, ein Theologe, hatte keine Angst vor dem Tod, er glaubte an die Auferstehung. Ein Zahnarzt aus Syrien sprach über Paradiesvorstellungen im Islam. Ein buddhistischer Mönch aus dem Allgäu wies auf den Pfad ins Nirwana. Ein orthodoxer Jude hoffte auf ein Jenseits ohne Gewalt und eine sozial sehr aktive Atheistin, die ihr erstes Kind durch plötzlichen Kindstod verloren hatte, fühlte sich ohne Jenseitsvorstellungen glücklicher.

Am Ende war der Moderator durch den überraschenden Tod seines Vaters unmittelbar mit dem Thema befasst und wirkte am offenen Grab sehr hilflos. „Ich hoffe, dass er jetzt von oben zusieht" war sein Statement am Schluss. Ihm ging es, wie es der Mehrheit der Deutschen anscheinend mittlerweile geht: Die Antworten der Religionen sind nicht mehr sehr überzeugend.

Mir fiel auf, dass die einzelnen Befragten teilweise wie Klischees ihrer Glaubensrichtung wirkten: sehr orthodox, sehr strikt, sehr konservativ. So wie sich das kleine Fritzchen einen frommen Christen, Juden, Moslem oder Buddhisten eben vorstellt. Und mir fiel auf, dass fast alle sehr klar formulierten, welche unumstößlichen Regeln zu befolgen sind, wenn man in den Himmel, bzw. in die ewige Glückseligkeit kommen möchte.

„Ach, lieber Herr König, was hat man denn in Ihrem Konfirmandenunterricht versäumt?" hätte ich ihn gerne gefragt. Was kommt denn nach dem Tod? Wie wird es sein?

Die Antwort des christlichen Glaubens ist: Wir haben einen Gott, der uns liebt, dem wir nicht egal sind, der uns durchs Leben begleitet und natürlich auch durchs Leid, - und sogar durch den Tod. Was dann kommt? Davon redet unser maßgeblicher Glaubenstext, die Bibel, in Bildern:

„Gott wird abwischen alle Tränen von ihren Augen, und der Tod wird nicht mehr sein, noch Leid noch Geschrei noch Schmerz wird mehr sein" (Offenbarung 21, 4).

Oder Paulus: *Der Tod kann uns nicht scheiden von der Liebe Gottes* (Römer 8, 38f).

Natürlich können wir uns verabschieden von diesen alten Texten und Bildern. Wer will es uns verbieten? Aber was dann bleibt ist nichts als Leere. In unserem gesättigten Alltagsleben mit seinen unbegrenzten Angeboten ist es nicht leicht, den Sinn für Gott zu entdecken. Muss aber wirklich erst eine schwere Erschütterung in mein Leben krachen, damit ich die Bibel in die Hand nehme und an Gott, an ein Jenseits, an ein neues, anderes, ewiges Leben glauben kann?

Dass Gott uns nur liebt, wenn wir brav und angepasst sind, dass wir nur dann in sein Reich kommen, wenn uns die Werkgerechtigkeit zum Kragen herausläuft, wenn wir bestimmte Speisen meiden oder immer die richtige Kopfbedeckung aufhaben, von diesen anscheinend unausrottbaren Vorstellungen im breiten Publikum sollte uns eigentlich Luthers Befreiungsschlag vor 500 Jahren erlöst haben.

Glauben ist Wagnis. Aber was riskiere ich eigentlich?

Ausgeträumt

„Ich war reich, schön und sexy – und dann klingelte der Wecker…" steht auf der Juxpostkarte. Viele Menschen träumen ihn ein Leben lang, diesen Traum vom Paradies, vom leichten, angenehmen, sorgenfreien Leben unter ewig blauem Himmel in immerwährender, jugendlicher Schönheit bei praller Gesundheit.

Nun gut, träumen darf man ja, - wenn da bloß nicht dieser blöde Wecker wäre! Ob es die Knitterfalten sind im morgendlichen Aufstehgesicht oder die Kreuzschmerzen oder die allerletzte Mahnung im Briefkasten oder der Blick auf die Waage – das sind alles laut rasselnde Wecker, alles deutliche Hinweise darauf, dass das Leben wirklich kein Paradies ist. „Paradies ist immer dann, wenn einer da ist, der wo aufpasst, dass keiner hineinkommt," sagt Gerhart Polt. Das Leben hingegen besteht, leider, zum großen Teil aus vielen, vielen Prüfungen, aus mühsamen Umwegen, unerwarteten Belastungen und manchmal auch aus tragischen Wendungen. Gut dran ist der, der wenigstens den Humor behalten kann, auch wenn das Brot mal wieder aufs Geschmierte fällt.

Ich denke, es gibt trotzdem Wege ins Paradies und zwar dann, wenn es gelingt, die Schicksalsschläge des Lebens in den Alltag zu integrieren. Und dazu muss man unterscheiden: Es gibt Lebensprobleme, die man lösen kann und es gibt Schicksalsschläge, bei denen nichts mehr zu lösen ist, sondern wo die Gegebenheiten hinzunehmen sind und man lernen muss, damit umzugehen.

Ein besonders berührendes Beispiel dafür ist für mich Samuel Koch, der junge Mann, der sich vor sieben Jahren bei Thomas Gottschalks Wetten dass …? das Genick gebrochen hat. Heute ist er, der Rollstuhlfahrer, fast ein Jahr schon verheiratet, hat seine Schauspielausbildung abgeschlossen und ist festes Ensemblemitglied beim Staatstheater Darmstadt. Für ihn machen ganz andere Themen das Paradies aus, als ausgerechnet „reich, schön und sexy". Seine Theaterpräsenz z. B., und seine Konzertlesungen, sein soziales Engagement und - sein Glaube. Auf seiner Facebookseite findet man aufregende Theaterbilder, ein sehr berührendes Hochzeitsfoto und – immer wieder- Lutherzitate. Hier nur eines davon: „Wir kommen nie aus den Traurigkeiten heraus, wenn wir uns ständig den Puls fühlen."

Könnte es sein, dass der, „der wo aufpasst, dass niemand hineinkommt" in den Himmel, niemand anderes ist, als wir selbst? Könnte es sein, dass schon unser Leben hier und jetzt ganz oft ziemlich „himmlisch" sein könnte, wären wir nicht dauernd mit unserem „Pulsfühlen", mit unseren vielen „Weckern", mit unserer ewigen Nabelschau, beschäftigt?

Bei einem Fernsehgottesdienst Ende April beteiligte sich Samuel Koch mit einer Psalmenübertragung:

„Schönheit und Adel krönen mein Haupt" -

„Das klingt, als ob mir Gott ins Ohr raunt: Siehe, du bist sehr gut, Menschenkind! Und manchmal spreche ich ihm nach. Leise und zärtlich. Im Liebesbrief, im Kompliment und im Schlummerlied. Wie herrlich muss unser Miteinander erst im Paradies sein!"

Samuel Koch träumt nicht, sondern freut sich!

2.7.2017

Suchen und Finden

Da machte ich mir also Gedanken um die SonntagsGedanken von heute, - um Suchen und Finden sollte es gehen, und da lag das Schreiben einer Leserin im Briefkasten. Sie ist bitter enttäuscht von ihrer Kirche. Insbesondere die Erfahrung, die sie nach dem jähen Tod ihres Ehemanns mit dem „Bodenpersonal" machen musste, hat sie so verletzt und verändert, dass ein Neuanfang für sie nicht mehr möglich ist: „Da hat Gott eine Tür ins Schloß fallen lassen." Stopp, denke ich, Widerspruch! Das war bestimmt nicht Gott.

Aber ehrlich, - ich kann sie verstehen und ihren Ärger. Wie oft habe ich mich selber schon geärgert über die besondere „Sensibilität" gerade von leitenden Kirchenleuten und über diese gewaltige Bürokratiebehörde mit ihren immer neuen „Projekten", die zugleich die Kirche vor Ort sträflich vernachlässigt. Aber ich muss sofort einräumen, mit Sicherheit habe auch ich mit meinem Dienst als Pfarrer schon manchen richtig verärgert.

Sicherlich, es war die Kirchentür, die da gescheppert hat. Aber ins Schloss geworfen hat sie nicht Gott. Gott sei Dank! Denn die Tür, die niemand schließen kann, - auch die Kirche nicht! - ist genau dieser Zugang zu ihm. Das ist seine feste Zusage und das ist der allerletzte Hoffnungsfaden, der uns bleibt, dass diese Tür immer offensteht. Genau darum geht es in den biblischen Lesungen im Gottesdienst heute, dass bei Gott nichts und niemand verlorengehen soll und kann.

Die Geschichte, über die heute gepredigt wird, hat Jesus einmal ausgerechnet damaligen „Kirchenvertretern" erzählt. Sie empörten sich darüber, dass er sich mit „Gesindel" einließ, und sogar mit ihnen aß. Da antwortete er ihnen mit folgendem Gleichnis:

»Stellt euch vor, einer von euch hat hundert Schafe und eines davon verläuft sich. Lässt er dann nicht die neunundneunzig allein in der Steppe weitergrasen und sucht das verlorene so lange, bis er es findet? Und wenn er es gefunden hat, dann freut er sich, nimmt es auf die Schultern und trägt es nach Hause. Dort ruft er seine Freunde und Nachbarn zusammen und sagt zu ihnen: ‚Freut euch mit mir, ich habe mein verlorenes Schaf wiedergefunden!' Ich sage euch: Genauso ist bei Gott im Himmel mehr Freude über einen Sünder, der ein neues Leben anfängt, als über neunundneunzig andere, die das nicht nötig haben.« (Lukas 15, 3-7)

Für mich ist das eine besondere „Reformationsgeschichte", gerade weil sie „Kirchenvertretern" gilt, die sich doch darüber freuen sollten, wenn sich jemand zu Gott hinwendet. Und sind nicht gerade sie diejenigen, die das jeden Tag als Vorbilder tun sollten, sich zu Gott hinwenden? Das ist übrigens gemeint mit dem Wort „Buße".

Aber das eigentlich Tolle an der Geschichte ist die Botschaft, dass sich niemand so sehr verrennen kann, dass er nicht trotzdem von Gott gefunden wird. Er ist es, der sich nach uns sehnt und uns sucht – und findet!

Auch die, die mit seinem „Bodenpersonal" nichts (mehr) anfangen können. Versprochen!

Von Jesus selbst.

Notfallseelsorge

Am vergangenen Dienstag fuhr ich von Nürnberg nach Bayreuth; ganz bewusst nicht über die Autobahn, sondern diagonal durch die Fränkische Schweiz. Der Wald, die Felsen, die Ausblicke, wunderschöne Musik im Radio, die Kurven schwingen herrlich, traumhaft! Und dann tauchen sie auf am Straßenrand, die Kreuze der Verunglückten, zumeist Motorradfahrer.

Die Musik klingt eben aus, Nachrichten. Bundespräsident Frank-Walter Steinmeier kondoliert den Angehörigen der Opfer des schrecklichen Busunglücks auf der A9 bei Münchenchberg und ist, wie schon die anderen vor ihm, mit seinen Gedanken bei den Verletzten in den Krankenhäusern. Nichts mehr mit beschwingten Kurven…

Wie hilflos wir alle agieren, wenn wir von solchen Unglücksfällen hören oder gar direkt betroffen sind. Was will, was soll man auch sagen? Egal ob als Bundespräsident oder Minister, als Feuerwehrmann oder Polizist oder auch nur als mitfühlender Mitmensch? Im Fernsehen war am Vorabend auch ein Notfallseelsorger vor der Kamera: „Was tun Sie da eigentlich mit den Menschen? Beten Sie da?" fragt der Moderator.

Wieder huscht ein Unfallkreuz vorbei und ich erinnere mich an meinen eigenen ersten Einsatz als Notfallseelsorger. Ein junger Mann war mit dem Motorrad gestürzt. Er wollte vor dem Mittagessen nur noch schnell eine kurze Runde durch die Nachbarschaft drehen. Ich sollte die Todesnachricht überbringen. Seine 20jährige Verlobte, im 5. Monat schwanger, war noch bei der Vorbereitung des Dorffestes, das am Nachmittag starten sollte, als das Unglück geschah. Sie kam erst nach meinem Eintreffen ahnungslos und fröhlich zuhause an...

„Was tun Sie da eigentlich mit den Menschen?" Beten? Trösten?

Bei solchen Nachrichten und erst recht als direkt Betroffene sind wir alle buchstäblich untröstlich. Da ist oft jedes noch so gut gemeinte Wort einfach zu viel. Es geht auch gar nicht um Worte, sondern ums hingehen, da sein, nicht alleine lassen, festhalten, ums Mitaushalten. Und das ist schwer genug.

Von der Geschichte vom barmherzigen Samariter kann man lernen, was gute Seelsorge ausmacht: Der Samariter ist dem Verletzten zu allererst einmal der Nächste. Er sieht die Not, lässt ihn nicht alleine und tut, was jetzt getan werden muss: Wunden versorgen, ihn aus der Gefahrenzone bringen. Mich hat bei der jungen Frau damals eine noch jüngere Rot-Kreuz-Helferin abgelöst. Die hat das deutlich besser gemacht als ich.

So viele Kreuze an unseren Straßen; ein ausgebrannter Bus, weitere 18 Kreuze. Jedes einzelne erzählt eine tragische Geschichte, - aber jedes erzählt auch davon, dass niemand ins Nichts stirbt. Ist das ein Trost? Vielleicht später.

Gebetet wird bei der Notfallseelsorge übrigens auch, und zwar dann, wenn es dran ist, wenn die Worte wieder da sind und zum festen Halt werden können. Dann sind es vielleicht Gebete um die Kraft, die nächsten Stunden und Tage überstehen zu können. Oder ein Vaterunser, ein Psalm.

Fragen Sie mal einen Feuerwehrmann oder eine Polizistin, was er oder sie von der Notfallseelsorge hält.

Hölle

Haben Sie Angst vor der Hölle? Gibt es noch jemanden, der Ihnen „die Hölle heiß machen" kann?

Das Konzept „Hölle" als furchteinflößendes Machtinstrument zur Unterwerfung der Gläubigen gibt es schon lange nicht mehr. Gott sei Dank! Trotzdem ist „Hölle" die tägliche Realität für einen Großteil der Menschheit. Eben sahen wir z.B. die Bilder aus Mossul.

Wir, die wir in unserem kleinen Europa tatsächlich auf einer Insel der Seligen leben - ohne es zu merken oder gar zu würdigen! – sind vor ein paar Tagen sehr unsanft aufgewacht, als ein Bündnis von Autonomen und Kapitalismusgegnern die Gipfelteilnehmer des G20 mit einer „Welcome to Hell"-Demo „begrüßen" wollten. Die anschließenden Bilder waren tatsächlich „höllisch".

Der katholische Kollege Pfr. Benedikt Welter hat dazu ein sehr bemerkenswertes „Wort zum Sonntag" in der ARD verfasst (im Internet zu finden). Für ihn sieht das „Konzept Hölle" so aus:

„Hölle – die hat mit dem Tod zu tun. Hölle ist eine mögliche Perspektive für das Danach, nach dem Leben hier auf der Erde. In der Bibel kommt die Hölle als Konsequenz vor. An der Hölle können sich die nicht vorbeimogeln, die hier auf Erden andere zerstören, erniedrigen, sie vernichten und ihrer Menschlichkeit berauben. „Willkommen in der Hölle" Ich finde es sehr sympathisch, dass manche Theologen davon ausgehen, dass die Hölle leer ist. Aber ganz egal, ob die Hölle leer ist oder voll, ob es sie gibt oder nicht: Das Bild von der Hölle als einem Ort der Konsequenz, das gefällt mir. „Willkommen in der Hölle" Die Hölle als Ort der Konsequenz „danach" ist eigentlich eine Idee für das Hier und Jetzt: was jemand hier und heute tut oder nicht tut, trägt seine Konsequenz in sich. Nichts ist umsonst. Nichts geht ohne Verantwortung. Es gibt im Leben keine Komfortzone, in der ich mich vom Leben und von seinen Ansprüchen lossprechen kann. Gerade deshalb haben in Hamburg viele Tausend friedlich demonstriert."

So viele haben in Hamburg friedlich demonstriert, aber ihr Einstehen z.B. für eine gerechtere Welt, die nicht durch das Profitinteresse weniger in einer Klimakatastrophe untergeht, wurde völlig verdeckt durch höllische Chaosbilder, produziert von ein paar Hundert Schwerstkriminellen.

Für mich befinden sich all die auf dem „Highway to hell" (grässlicher Song von AC/DC), die glauben, man könne diese Welt durch und mit Gewalt irgendwie verbessern, seien es die Idioten vom „schwarzen Block" oder auf der anderen Seite all die zynischen Machtpolitiker, deren Gesichter man nicht mehr sehen möchte. Dagegen gefällt mir richtig gut der „Stairway to heaven" (Tophit von Led Zeppelin), die „Himmelsleiter". Die kann man zwar, anders als im Song, nicht kaufen, aber sie ist trotzdem „nicht umsonst".

Das gute an dieser „Himmelsleiter": man ist auf ihr in bester Gesellschaft mit all den Menschen, denen diese Welt und ein menschenwürdiges Leben zutiefst am Herzen liegen, die sich dafür verantwortlich fühlen und mit aller Kraft dafür einsetzen – z.B. in der Nachfolge Jesu.

Und - Gott sei Dank! - es sind viele!

Selbstliebe und Ehe

Jetzt ist wieder die Zeit der Trauungen, wie schön! Hochzeiten sind angesagt und viele Paare merken, - leider oft erst nach vielen Jahren des Zusammenlebens - dass ein verbindliches „Ja" ohne Wenn und Aber, feierlich gesprochen vor Gott und den Menschen, durchaus hilfreich dabei sein kann, den gemeinsamen Alltag besser zu bestehen. Auf alle Fälle besser als mit diesem vagen und unverbindlichen „Vielleicht".

Viele Paare machen dabei aber auch einen Fehler. Sie verwechseln das „Ja" des jeweils anderen mit einer Art Versorgungsgarantie: Du bist ab sofort zuständig dafür, dass ich glücklich bin! Liebe funktioniert aber anders, sie kommt nicht von außen.

Die Liebe in einer Ehe ist wie das Zusammenklingen zweier Glocken: Schlägt man die eine an, schwingt die andere automatisch mit: ein Resonanzphänomen. Sie kommt von innen. Sie hat damit zu tun, dass die Partner sich jeweils selber annehmen und lieben können. Selber „schwingen". Liebe funktioniert tatsächlich nur mit Selbstliebe. Das ist etwas völlig anderes als Egoismus! Erst wenn ich selber mit meinem eigenen „Klang" zufrieden bin, findet der andere mich liebenswert und kann mitklingen. Deswegen ist Liebe auch Arbeit an sich selber.

Das ist das ganze Geheimnis. Nicht mehr der andere soll meine Defizite ausfüllen oder meinen Selbsthass wegmachen, mein „Klingen" verschönern, die „Misstöne" ausmerzen, sondern ich übernehme die Verantwortung für mich selbst.

Ich begreife, dass ich zwar nicht vollkommen bin und auch niemals sein werde, aber dass ich einen absolut wunderbaren, absolut liebenswerten Kern in mir habe. Den will ich und muss ich zum Wachsen und zum Blühen bringen. Das ist die Arbeit.

Wer das begriffen hat, der hat es nicht mehr nötig, außerhalb seiner Ehe nach flüchtigem Glück zu suchen, - was ja immer im Katzenjammer endet. All die Geschichten scheiternder Ehen mit ihren Wechselbädern von Trauer, Wut, Hass und Angst beginnen mit dem Missverständnis, die Liebe käme von außen. Dabei sind wir es selber, die dieses Pflänzchen Liebe schon längst als Samen in uns tragen und immer wieder neu zum Blühen bringen müssen. Dazu braucht es die richtige Umgebung, die richtige Erde, genug Sonne vor allem und immer wieder muss gegossen werden. Wenn diese Pflanze Liebe wirklich blüht und sogar Früchte trägt, dann kann der andere ja gar nicht anders, als immer wieder davon zu naschen und selber zu wachsen und zu blühen. Ist das möglicherweise ein Idealbild?

Vielleicht, aber eines, das wir ja auch immer wieder beobachten können. Wir kennen die Paare, die in der Art, wie sie miteinander umgehen, so ansteckend wirken, weil ihre gegenseitige Liebe die Welt um sie herum ebenfalls liebenswert macht. Und das ist genau das, was wir so dringend brauchen: Mehr Liebe in der Welt.

In der Paartherapie stelle ich oft die Frage: "Kennen Sie eigentlich das wichtigste Gebot?" Klar – Du sollst Gott lieben und deinen Nächsten. „Und wie geht es weiter?" Ach ja: Wie dich selbst! – Eben!

Glück und Segen allen Paaren, die sich in diesen Tagen das Ja-Wort geben!

Endlich Ferien! Endlich Urlaub! Endlich abschalten!

Man kann ja vieles abschalten, aber sicherlich nicht sich selbst. Das mag der Grund dafür sein, dass viele Urlauber nach den so hart erarbeiteten, wohl verdienten und teuer bezahlten Ferientagen am Strand, in den Bergen, auf dem Kreuzfahrtschiff nicht erholt, sondern eher ausgelaugt und abgekämpft wieder zurückkommen. Nach stundenlanger, ermüdender Rückreise seufzen sie dann vor der Haustür: „Zuhause ist es doch am schönsten!" Wozu sind sie weggefahren?

Das ist das Problem: Man nimmt immer sich selbst mit in den Urlaub: seinen unerledigten Ärger im Büro, seine Wut auf die Nachbarn, auf die Lehrer, auf die doofen Verwandten. Und dann soll der Urlaub das alles wieder irgendwie zum Verschwinden bringen? Schade um das Geld. Man ist wohl besser beraten, wenn man vor der Abfahrt die Konflikte und den Ärger begräbt und sie im Büro, am Arbeitsplatz, zuhause zurücklässt. Nehmen Sie heuer mal ihr „Sonntags-Ich" mit in die Ferien. Das ist diese entspannte Gestalt in uns, die einfach ein wichtiger Teil von uns ist, aber leider viel zu selten zum Vorschein kommt, – weil sie, siehe oben, so oft „abgeschaltet" wird.

Mir kommt das dritte Gebot in den Sinn: Du sollst den Feiertag heiligen. Es ist verknüpft mit der Schöpfungsgeschichte gleich am Anfang der Bibel. Da wird erzählt, wie Gott selbst, nachdem er die Welt und zuletzt die Tiere und den Menschen geschaffen hat, erst mal einen Tag Pause macht. Ja, er „heiligt" diesen Tag sogar! Sechs Tage Arbeit, das reicht. Jetzt ist Sabbat, bzw. Sonntag.

Ein ganzes Jahr Arbeit, Mühe, Ärger, Konflikte, – das reicht auch und schreit nach Unterbrechung. Und deshalb muss das Diensthandy auch zuhause bleiben. Und damit der Urlaub wirklich Erholung, wirklich „Sonntag" wird, darf auch nichts Unerledigtes mitgenommen werden. Nur zur Erinnerung: Früher war es üblich, am Sonntag in die Kirche und zum Abendmahl zu gehen. Eine damit verknüpfte Forderung war allerdings, dass man eventuell vorhandenen Streit zuvor bereinigt hatte. Gemeinsam am Tisch des Herrn mit Groll im Herzen gegen den Ehepartner oder den Nachbarn, - das ging einfach nicht. Warum nicht dieses uralte, segensreiche, friedenstiftende Muster wieder aufnehmen?

Wenn ich wirklich Ferien haben möchte, muss ich zuvor die lästigen, alten Geschichten bereinigen, den Schreibtisch leer machen, das klärende Telefongespräch führen! Dann kann ich auch in aller Ruhe losfahren, mich wirklich entspannen, das „Alltags-Ich" abschalten. Dann werden die freien Tage zu „Feiertagen" und, ja, in gewisser Weise „geheiligt". Dann kann mein Sonntags-Ich tatsächlich „die Seele baumeln lassen" und dann tritt ein, was der Sinn des dritten Gebotes ist, nämlich sich selber wieder finden und eine Ahnung davon bekommen, wie es in Gottes Reich und Nähe sein kann.

Schätze

Lange Zeit hatte ich ihn nicht mehr gesehen. Er sah schlecht aus, hatte unheimlich abgenommen und erzählte, dass er schon lange dialysepflichtig sei. Das Nierentransplantat sei wohl zu spät eingesetzt worden, die Operateure hätten ihn „verpfuscht". Er habe etwas Entscheidendes falsch gemacht habe: „Ich habe immer nur gearbeitet, und mir keine Zeit zum Leben gelassen. Wenn das mit der Niere nicht gekommen wäre, dann würde ich heute noch arbeiten…"

Das Jesuszitat aus der Bergpredigt kam mir in den Sinn: *Wo dein Schatz ist, da ist auch dein Herz!* (Matth. 6, 21). Woran hänge ich denn mein Herz? Was ist mir wichtig in meinem Leben? Ein gut gefülltes Konto?

Was nützt mir all mein Wohlstand, wenn meine Pläne von einem auf den nächsten Tag durchkreuzt werden, weil die Nieren versagen? Natürlich ist es wichtig, dass das Geld auch am Monatsende noch reicht, denn sonst ist ja die Frage „Woran hänge ich mein Herz?" purer Luxus. Aber was ist nun mein Schatz? Wo ist mein Herz? Was gibt meinem Leben Sinn?

„Sammelt euch lieber Schätze im Himmel!" heißt es unmittelbar vor unserem Bibelwort. Himmlische Schätze. Schätze, die niemand stehlen kann, die nicht vergehen.

Mir fällt das wunderschöne Bilderbuch von „Frederick" dazu ein. Vier schwatzhafte Feldmäuse sammeln Nüsse, Körner Weizen und Stroh für die lange Winterzeit. Nur Frederick, die 5. Maus, sitzt scheinbar tatenlos herum. Auf ihre Frage hin erklärt er ihnen, er sammle ja auch, und zwar Sonnenstrahlen für die kalten, dunklen Wintertage. Später dann sammelt er Farben für den grauen Winter, und schließlich sammelt er Wörter für die langen Abende im Winter, wo sie sich sonst nichts zu erzählen hätten. Und im Winter haben dann alle Mäuse etwas von seinen besonderen Vorräten: Er schickt ihnen Sonnenstrahlen in die kalte Höhle, er erzählt ihnen von Farben und bringt Abwechslung in ihren grauen Alltag, und er dichtet für sie, was sie alle entzückt.

Himmlische Schätze, die mit keinem Geld zu bezahlen sind, die nicht von Rost befallen werden und nicht gestohlen werden können. Sonnenstrahlen, Wärme die wir in uns aufnehmen und die uns leben lässt. Wärme anderer Menschen, die uns liebevoll umgeben. Farben, mit denen wir täglich beglückt werden. Dinge, Ereignisse und Menschen, die unserem Leben seine Buntheit verleihen. Wörter, die uns gesagt werden, ein Lob, ein freundliches Wort ohne besonderen Anlass, Worte, die guttun.

Himmlische Schätze sammeln wir, wenn wir mit offenen Augen durch unser Leben gehen, wahrnehmen, wer und was uns begegnet und unser Gegenüber als Geschenk Gottes annehmen. Es sind himmlische Schätze, die wir sammeln, wenn uns die Dankbarkeit nicht verloren geht, die Dankbarkeit für all das, was unser Leben ausmacht, Dankbarkeit für die Lebensernte.

Der Bekannte und ich, wir waren uns dann einig. Leben, das beginnt nicht erst morgen, oder wenn ich in den Ruhestand gehe, wenn ich keine Verpflichtungen mehr habe. Leben, das ist jetzt und heute.

Jede Minute, die mir geschenkt wird ist Zeit, um himmlische Schätze zu sammeln!

Gelassenheit

Die Bayreuther Autofahrer gehören zu den entspanntesten Menschen, die ich kenne. Von ihrer Gelassenheit kann ich noch viel lernen. Wenn ich auf eine rote Ampel zufahre und vor mir steht ein Fahrzeug mit Bayreuther Nummer, dann weiß ich, dass ich mir bei Grün viel Zeit lassen kann. Einen Blitzstart wird der Bayreuther gewiss nicht hinlegen. Noch entspannter sind jedoch nach meiner Beobachtung die Fahrzeuglenker mit KU oder gar mit TIR im Kennzeichen. Mit welcher Andacht die Fahrer aus den angrenzenden Landkreisen das grüne Licht begrüßen und sich an dem plötzlichen Farbwechsel der Ampel einfach nicht sattsehen können! Da kann es schon etwas dauern, bis der Gang eingelegt ist und gaaanz langsam die Kupplung kommt. Oder bilde ich mir das nur ein, weil ich grundsätzlich immer viel zu eilig unterwegs bin, zu sehr in Sorge, etwas zu verpassen? Na gut, so bekomme ich halt meine tägliche Lektion in Gelassenheit und Geduld.

Was wirklich Gelassenheit bedeutet, das habe ich letzte Woche in der Fußgängerzone erlebt. Dort stand ein junger buddhistischer Mönch mit rasiertem Kopf und hielt eine Bettelschale in den Falten seines braunen Gewandes. Seine Augen blinzelten in die Sonne und er schien das lebhafte Treiben um sich herum, die eilenden Menschen gar nicht wahrzunehmen. Er stand einfach da, mitten auf der Sophienstraße und hatte Zeit. Aktiv und aufdringlich betteln, so wie die anderen, die sich uns mit einem schmuddeligen Kaffeebecher in den Weg stellen, das würde er nie. Er strahlte eine würdevolle Bescheidenheit, selbstbewusste Gelassenheit und innere Ruhe aus, die mich sofort für ihn einnahm.

Ich, natürlich wieder mal richtig in Eile, staunte zunächst über diese bei uns immer noch exotische Begegnung. Erster Impuls: der Griff zum Geldbeutel. Aber halt, ich weiß ja von einem Besuch im buddhistischen Kloster bei Stammbach, dass er kein Geld nehmen würde; der Umgang mit Geld ist ihm verboten. Einen Moment zögere ich. Soll ich ihm vielleicht das halbe Hähnchen geben, das ich eben gekauft habe? Aber, kommt mir in den Sinn, er ist ja Vegetarier. Also behalte ich mein Hähnchen. Was tun? Da geht plötzlich neben mir eine ältere Dame direkt auf ihn zu und legt ihm eine Brötchentüte in die Almosenschale. Er nickt freundlich. Verhungern wird er also nicht.

Die Bergpredigt im Matthäusevangelium (6,25f) fällt mir ein. Das wunderschöne Wort Jesu, so oft gelesen, gehört, gepredigt:

„Sorgt euch nicht um euer Leben, was ihr essen und trinken werdet; auch nicht um euren Leib, was ihr anziehen werdet. Ist nicht das Leben mehr als die Nahrung und der Leib mehr als die Kleidung? Seht die Vögel unter dem Himmel an: Sie säen nicht und ernten nicht, sie sammeln nicht in die Scheunen; und euer himmlischer Vater ernährt sie doch. Seid ihr denn nicht viel kostbarer als sie?"

„Gott weiß genau, was du brauchst. Entspanne dich, vertrau darauf und sorge dich nicht!"- Das ist die Botschaft.

Ein junger buddhistischer Mönch und eine alte Frau, mitten im Bayreuther Alltag, machen mir klar, wie recht Jesus hat.

Regenbogen

Während ich an diesen SonntagsGedanken sitze, kommen die Bilder aus Texas auf den Fernsehbildschirm: Müde, zu Tode erschrockene Menschen in Schlauchbooten mit Regenschirmen, gezogen von erschöpften Helfern; überfüllte Massenunterkünfte, in denen es an allem mangelt; Verzweifelte, denen die Regenfluten und die übergelaufenen Staudämme alles genommen haben. Dazwischen ein protziger Präsident, der die texanische Flagge schwenkt und damit prahlt, dass hinterher alles viel besser werden wird. Klimawandel gibt's bei ihm ja nicht.

Die Geschichte von der Sintflut liegt nahe. 40 Tage Regen, bis nur noch Wasser zu sehen ist. Die Geschichte eines Strafgerichts, das die aus dem Ruder gelaufene, überheblich gewordene Schöpfung, an der Spitze die Menschen, korrigieren soll. Wissen Sie, wie diese Geschichte endet?

Da heißt es: *„Gott sprach in seinem Herzen: Ich will hinfort nicht mehr die Erde verfluchen um der Menschen willen; denn das Dichten und Trachten des menschlichen Herzens ist böse von Jugend auf ... Solange die Erde steht, soll nicht aufhören Saat und Ernte, Frost und Hitze, Sommer und Winter, Tag und Nacht."* (1. Mose 8,21f)

Gott entscheidet sich für das Leben, ein für alle Mal. Er schließt mit den übrig gebliebenen Menschen, die so sind wie sie sind (und wir sind nicht anders!), sogar einen Bund. Zeichen dafür ist der Regenbogen.

Nein, es ist nicht Gott, der die Katastrophen und Tod und Zerstörung verursacht. Katastrophen und schreckliche Schicksale, Unfälle und Krankheiten sind nicht Strafgerichte, sondern, ob es uns gefällt oder nicht, sie sind Teil unseres Lebens. Die Frage nach dem „Warum" erübrigt sich, es sei denn, das Übel ist menschengemacht.

Dass Houston so schrecklich getroffen wurde, lag wohl auch daran, dass man die Warnungen der Fachleute in den Wind geschlagen und viel zu große Flächen versiegelt hat. Das Wasser kann gar nicht mehr ablaufen. Ungehemmt wurde auch in potentiellen Überschwemmungsgebieten wild darauf losgebaut. Sinnvolle Staudammprojekte waren der Politik zu teuer. Die Gier war mal wieder größer als die Vernunft. Gott hat damit wenig zu tun.

Ich bin gottfroh in einem Land leben zu dürfen, das oft kleinlich-pingelige Vorschriften erlässt, die sich hinterher jedoch als sehr segensreich herausstellen. Ich bin froh in einer Stadt zu leben, die den Hochwasserschutz in den letzten Jahren wirkungsvoll umgesetzt hat. Etwa mit dem Renaturierungsprogramm für den Roten Main und dem neuen Damm in der Wilhelminenaue oder, ganz neu, mit der Hochwasserbarrikade an der Dr.-Konrad-Pöhner-Straße, die den Sendelbach, bzw. Tappert zähmt.

Denken Sie beim nächsten großen Gewitter an Gottes Versprechen, dass kein Fluch über unserem Leben stehen soll, sondern der Regenbogen über unseren Häusern. Der Regenbogen signalisiert ja, dass das Unwetter gerade dabei ist abzuziehen und dass die Sonne schon wieder scheint. Und mit ihr Gottes Liebe über uns.

Den Menschen in Texas und Louisiana und wo immer jetzt die Unwetter toben, wünsche ich von Herzen viele, großartige Regenbögen. Und natürlich wirkliche Hilfe statt protziger Worte.

10.9.2017
Nationalismus

Vor genau hundert Jahren war mein Großvater gerade ein knappes Jahr aus dem 1. Weltkrieg zurück. Nach dem Feldzug gegen Serbien zu Kriegsbeginn 1914 hat er sich am Duklapass in den Karpaten gegen die Russen im Winter 1915 beide Füße erfroren. Später wurde er durch Artilleriebeschuss schwer verwundet und nach den Kämpfen an der Isonzofront und in Tirol gegen die Italiener hat man ihn dann Ende 1916 nach zwei Jahren Kriegsdienst ehrenvoll nach Hause entlassen. Man brauchte schließlich auch noch Bauern zur Versorgung der hungernden Bevölkerung. Unglaubliches Glück hat er also gehabt - und ich auch, denn sonst gäbe es mich ja nicht.

Als dieser Wahnsinnskrieg, ausgelöst durch völlig übersteigerte nationalistische Wahnideen in allen europäischen Völkern, schließlich zu Ende war, herrschte auch in Bayreuth beißender Hunger. Da marschierte eines Morgens ein junger Mann aus dem wieder an Frankreich gefallenen Elsass von Straßburg aus über die Rheinbrücke und gab in Kehl ein Paket an verehrte Freunde in Deutschland auf die Post. Cosima Wagner freute sich riesig über die höchst willkommene Lebensmittelspende mit Elsässer Wurst und Speck.

Wenn man so will, war dies eine Solidaritätsgeste, eine Handlung aus einer gemeinsamen Grundüberzeugung im europäischen Geist auf dem Boden des völkerüberfassenden christlich geprägten Wertekanons, geprägt durch Vorstellungen wie Nächstenliebe und Ehrfurcht vor dem Leben.

Nach diesem Mann hat man später in Bayreuth eine Schule benannt und das Hospiz für Sterbende, - nicht wegen dieses Pakets, sondern wegen seiner unglaublichen Lebensleistung als Musiker, Theologe, Arzt und Universalgelehrter. Für mich ist er einer der wichtigsten theologischen Lehrer. Was er in den dreißiger Jahren vorausschauend sagte, kam damals in Deutschland leider nur bei wenigen Menschen wirklich an. Viel zu unbequem war er den Nazis, und Ehrfurcht vor dem Leben, was mittlerweile zum Hauptthema für ihn geworden war, das war für sie schon gar kein Wert. Erst in den fünfzigern wurde er auch bei uns dann zum ganz großen Vorbild. Inzwischen hat man ihn jedoch schon wieder fast vergessen.

Gerade jetzt, vor der Bundestagswahl, zu der das antieuropäische und nationalistische Gedankengut wieder unglaublich frech präsentiert wird und ein tumber Nationalismus den Vergesslichen wieder schmackhaft gemacht werden soll, da muss man wieder an Albert Schweitzer erinnern.

Ein ganz wichtiges Zitat entdeckte ich vergangenes Jahr bei einem Besuch in seinem Geburtshaus in Kaysersberg bei Colmar:

„Was ist Nationalismus? Der unedle und ins Sinnlose gesteigerte Patriotismus, der sich zum edlen und gesunden verhält wie die Wahnidee zur normalen Überzeugung."

Jeder Gegner eines geeinten Europa und aufgeblasene Scheinpatriot, der von seinen „Werten" faselt, hat den Kriegswahnsinn anscheinend verdrängt und vergessen. Echte Patrioten sind die, die sich für die Werte unseres Grundgesetzes einsetzen, unbedingt und ungeteilt. Mit Ehrfurcht vor dem Leben ausnahmslos aller.

Seien Sie „normal" patriotisch und gehen Sie wählen. Aber bitte die Richtigen!

Alltag

Die Ferien sind vorbei, der normale Wahnsinn hat uns wieder. Die Kinder sind endlich wieder in der Schule „aufgeräumt" und die gewohnte, aber bewährte Routine gibt wieder den Takt vor. Mancher träumt dem Sommer noch ein bisschen hinterher und versucht sich die Buntheit und die Lebensfreude der Urlaubstage zu bewahren. Aber der Traum kann auch ganz schnell ausgeträumt sein, wenn der Alltag wieder so richtig „alltäglich" wird: Stress und Streit, Druck und Drama. Erfahrene Alltagsneustarter wissen: Es macht einen Unterschied, wie man seine Tage beginnt.

Jörg Zink, der vor genau einem Jahr mit 93 Jahren verstorbene, große Theologe und Publizist schreibt dazu:

„Die großen Lehrer der Meditation und des geistlichen Lebens weisen uns immer wieder auf die erste Morgenstunde hin und sagen: Nimm den Anfang des Tages wahr, er ist die Stelle, an der du die Ewigkeit berührst… Der Lauf des Tages hängt im Allgemeinen nicht von unseren persönlichen Vorstellungen ab, er wird uns aufgezwungen. Aber der Anfang sollte uns gehören."

Also, stolpert man nun einfach so hinein in die täglich immer gleiche Routine oder schafft man es, jeden Tag bewusst, achtsam und kreativ neu zu starten, damit er nicht zum „Alltag" wird?

Wie das geht? Geistlich! Dazu hilft? Richtig, Routine, bzw. besser, ein gleichbleibendes Ritual des „Sich-selber-Bewusstwerdens". Schon fünf Minuten früher aufstehen hilft. Fünf Minuten nur für mich. Wenn ich wieder aus dem Bad komme, bevor ich mich an den Frühstückstisch setze: wertvolle fünf Minuten, Zeit für meinen persönlichen Ausblick in den Tag: Worauf freue ich mich heute? Wen brauche ich heute? Wer braucht mich heute? Und dann nicht mit Schwung, sondern mit Bedacht in den Tag.

Mancher hat dazu sein Losungsbüchlein (gibt's auch als App auf dem Smartphone!). Martin Luther hat uns seinen unüberbietbaren Morgensegen hinterlassen (steht im Gesangbuch!). Die Vorschläge zu einem bewussten, geistlichen Tagesbeginn sind zahllos. Ich schlage Ihnen zu der Fülle der Angebote noch den Tagessegen eines unbekannten Verfassers vor. Vielleicht hängen Sie ihn sich mit dem berühmten Magneten an den Kühlschrank?

Der Herr segne dich und behüte dich.

Er schaffe dir Rat und Schutz in allen Ängsten. Er gebe dir den Mut, aufzubrechen, und die Kraft, neue Wege zu gehen. Er schenke dir die Gewissheit, heimzukommen.

Der Herr lasse sein Angesicht leuchten über dir und sei dir gnädig. Gott sei Licht auf deinem Wege. Er sei bei dir, wenn du Umwege und Irrwege gehst. Er nehme dich bei der Hand und gebe dir viele Zeichen seiner Nähe.

Der Herr erhebe sein Angesicht auf dich und gebe dir seinen Frieden, das Bewusstsein der Geborgenheit, ein Vertrauen, das immer größer wird und sich nicht beirren lässt.

So segne dich Gott Vater, Sohn und Heiliger Geist.
Amen.

Wählen - Sorgen abgeben

Was genau machen wir da eigentlich, wenn wir heute bei der Bundestagswahl unser Kreuzchen neben den Namen einer Partei oder eines Kandidaten setzen? Wir erteilen ein Mandat, einen Auftrag: Du, bzw. ihr sollt in den nächsten vier Jahren für das Gemeinwohl in unserem Land sorgen. Euch, bzw. Dich halte ich dafür am geeignetsten.

Das ist ja nicht einfach, jemandem diese Verantwortung zu übergeben. Da braucht es viel Vertrauen in die Fähigkeiten und die Seriosität dieser Person, bzw. Partei. Aber Vertrauen ist eine sehr kostbare Gabe. Niemand möchte den Bock zum Gärtner machen und sich von Menschen regieren lassen, die schon in ihrem Wahlprogramm Freiheit, Gerechtigkeit, Realitätssinn und vor allem Wahrheit vernachlässigen.

Zurück zum Mandat. Das ist ein schönes, altes Lehnwort aus dem Lateinischen und heißt wörtlich übersetzt: Die Hand geben, meine Sorge abgeben in die Hand eines anderen. Das tun wir heute also: Unsere Sorgen um das Gemeinwohl unseres Volkes, um die Sicherheit, die Wirtschaft, die Arbeitsplätze, die Bildung unserer Kinder, um die Zukunft unseres Landes und unseres Kontinents, um unsere Gesundheit und um vieles mehr geben wir vertrauensvoll ab in die Hände von Politikerinnen und Politikern. Sie sollen demokratisch und leidenschaftlich um den jeweils besten Weg streiten, wie diese Sorgen beseitigt werden können.

Da passt ja der Wochenspruch für den heutigen Sonntag gut dazu: *„Alle eure Sorge werft auf ihn; denn er sorgt für euch."* (1. Petrus 5,7). Gemeint ist jedoch nicht der jeweilige Wahlkreiskandidat bzw. die -kandidatin. Er oder sie wäre damit auch heillos überfordert.

Nun ist Sorgen ein Teil des menschlichen Lebens. Sorgen hat etwas mit lieben zu tun, mit Verantwortung tragen. Versorgen, umsorgen heißt, der Kreatur und den anvertrauten Menschen das geben, was sie zum Leben brauchen. Dennoch warnt die Bibel davor, dass uns die Sorgen gefangen nehmen. Lasse ich es zu, dass mich die Sorgen von vorne und hinten in die Zange nehmen, dass ich an nichts anderes mehr denken kann und fast verrückt werde vom Sorgen?

Petrus empfiehlt uns: „Alle Sorge werfet auf ihn; denn er sorgt für euch", und er meint damit Gott.

Gott ist für unsere Sorgen die richtige Adresse. Auch für die Menschen, die heute die politische Verantwortung für uns alle übernehmen. Wenn sie ihr Mandat nur mit ihren eigenen Kräften ausrichten wollen, dann werden sie sich übernehmen. Als Mandatsträger müssen sie sich getragen wissen vom geschenkten Vertrauen ihrer Wähler, aber auch von ihrem eigenen Vertrauen auf den Urgrund allen Lebens.

Ich finde es gut, wenn sich unsere Abgeordneten vor ihren Sitzungen im Bundestag im Andachtsraum zu Einkehr und Besinnung versammeln und sich immer wieder klarmachen, was ihnen ihr Gewissen zu den anstehenden Entscheidungen sagt. Dem sind sie nämlich verpflichtet, und sonst niemandem.

Hoffen wir also, dass wir uns heute mit unserer Wahl in die Hände von wirklich gewissenhaft sorgenden Menschen begeben… so wahr uns Gott helfe.

Er sorgt für uns.

Erntedankfest 2017

Letzte Woche Bundestagswahl, heute Erntedankfest. Wie das zusammenhängt? Nun, ganz unabhängig vom Ausgang der Wahl, der viele Politiker und Wähler nicht dankbar, sondern bitter gestimmt hat, ist das Erntedankfest ein schöner Impuls dafür dankbar zu sein, dass wir überhaupt zur Wahl gehen konnten. Viele Bürger bei uns verschwenden leider kaum einen Gedanken daran, wie gut sie es getroffen haben. Sie mussten nichts dafür tun, aber sie besitzen einen deutschen Pass und würden ihn unter keinen Umständen gegen einen rumänischen, syrischen oder pakistanischen tauschen.

Erntedank ist nicht nur ein Fest für die, die mit Feld und Garten zu tun haben. Es geht heute nicht nur um Äpfel, Birnen und dicke Kürbisse, sondern es geht um alles, was unsere Existenz ausmacht. Erntedank lenkt unseren Blick auf die Summe all unserer Lebensbedingungen; nicht nur auf unsere eigenen Leistungen, sondern vor allem auch auf die Gaben, die wir uns nicht selbst verdanken; Gaben, die uns einfach so zufallen oder geschenkt werden. Wie eben auch unsere deutsche Staatsbürgerschaft. Gerade darüber dürfen wir uns freuen, nach Herzenslust, - und nicht stolz, sondern dankbar sein.

Nun hat Gabe nach biblischem Verständnis immer auch mit Aufgabe zu tun. Reichtum, Fülle und Überfluss sollen so eingesetzt werden, dass sie allen zugutekommen. Es geht um den Ausgleich zwischen reich und arm.

Geht es um Sozialpolitik? Nein, es geht um die Aufgabe, die uns der heutige Predigttext (Jesaja 58, 7-12) stellt. Jesaja richtet seinen Zuhörern von Gott aus: Ihr tut zwar recht fromm und fastet, dabei geht ihr aber euren Geschäften nach und bedrückt eure Arbeiter! Ihr redet frommes Zeug, aber ihr zankt und schlagt mit gottloser Faust drein! Was soll ich mit solch einem scheinheiligen Getue, soll mir das gefallen? Wer zu Gott kommen will, dem sei gesagt:

Brich dem Hungrigen dein Brot, und die im Elend ohne Obdach sind, führe ins Haus! Wenn du einen nackt siehst, so kleide ihn, und entzieh dich nicht deinem Fleisch und Blut! Dann wird dein Licht hervorbrechen wie die Morgenröte, und deine Gerechtigkeit wird vor dir hergehen.

Ganz schön politisch, die Bibel! Heute aber keine Wahlparolen mehr, sondern konkrete Aufgaben. Um diese Aufgaben erfüllen können, müssen wir allerdings etwas aufgeben. Etwas von unserem Geld, unserer Zeit und unseren Talenten. Wir sollen dem Hungrigen nicht unser ganzes Brot geben, wir sollen es mit ihm teilen. Wir sollen dem Obdachlosen nicht unser Haus geben, wir sollen ihn aufnehmen. Wir sollen dem Nackten nicht all unsere Sachen geben, sondern ihn so kleiden, wie er es braucht.

Gib dem Bedürftigen, was er braucht, sagt Jesaja, brich dem Hungrigen dein Brot. Was du hast, hast du nicht nur für dich selber. Wenn Gott es so gut mit dir meint, musst du es auch gut mit den anderen meinen.

Gott sei Dank, dass uns das tägliche Brot nicht ausgeht und die Liebe nicht abhandenkommt. Erntedank sagt auch: Genieße, was du hast! Du hast allen Grund zur Dankbarkeit – für alles, was dir Gutes widerfahren ist.

Die Epilepsie, die Pest und „das Böse"

Heute ist ein Text aus dem Markusevangelium (9,14-29) die Predigtgrundlage in unseren Kirchen. Es geht um die Heilung eines Jungen, der an Epilepsie leidet. Im Altertum, der Zeit Jesu war man sich da völlig einig: Krankheit ist Gottes Strafe für religiöses Fehlverhalten. Jede Infektion, jede schwärende Wunde, jedes Fieber ist ein Warnsignal Gottes. Aber auch jedes Erdbeben, jeder Sturm, jeder Einfall von Feinden – das sind alles Strafgerichte eines zornigen Gottes. Kein Wunder, dass die Menschen bei dem mit Schaum vor dem Mund auf der Erde liegenden, zuckenden Kind sagen: „Seht nur, was für ein schrecklicher, namenloser Geist von diesem Kind Besitz ergriffen hat! Natürlich müssen seine Eltern irgendwelche wichtige Gebote Gottes übertreten haben!"

Später, im Mittelalter, da hat man gerne ganze Gruppen zu Sündenböcken gemacht, die Gott zum Zorn reizten. Da machte man etwa die Juden für schreckliche Krankheiten verantwortlich. Immerhin, sie hatten ja schon Jesus umgebracht! Deshalb schickte Gott die Pest gleich über das ganze Volk. Also weg mit den Juden. Dann waren es die Hexen, die schlimme Dinge taten, so dass Gott Dürre, Unwetter und Missernten schickte. Also hat man sie verbrannt. Selbst Martin Luther fand das Verbrennen von Hexen damals noch richtig gut. Sind wir heute schon viel weiter?

Als sich vor bald vierzig Jahren die neue Volksseuche AIDS über die ganze Welt ausbreitete, da traf es zuerst die Schwulen. Und siehe da: Sofort war vielen klar, das ist Gottes Strafe für deren widernatürliches, homosexuelles Verhalten!

Gott lässt „das Böse" auf die ganze Menschheit los, weil einige Menschen angeblich Schlimmes tun. Was für ein aberwitziger und anscheinend unausrottbarer Gedanke, aber immer wieder für viele Leute einleuchtend und folgerichtig!

Wenn heute ein verrückter Rentner in Las Vegas mit automatischen Gewehren in eine nach zehntausenden zählende Menschenmenge schießt, wenn er 59 von ihnen umbringt und fünfhundert auf das Schwerste verletzt, dann sind nicht etwa Waffengesetze daran schuld, die der Waffenindustrie nutzen, sondern dann wird das in eben diesem alten Stil pathologisiert und dämonisiert. US-Präsident Donald Trump spricht dann von einem „Akt des absolut Bösen" und über Waffengesetze zu diskutieren sei jetzt nicht der richtige Zeitpunkt.

Das „absolut Böse" also. Wie gut, dass es diese Macht gibt, der gegenüber wir ja völlig hilflos sind. Denn damit haben wir doch eine wunderbare Erklärung für alles Unheil, das das Leben und diese Welt für uns bereithalten. Da kann man sich prima aus der Verantwortung schleichen.

Der epileptische Junge im Markusevangelium findet Heilung. Weil Jesus das Verhältnis zwischen ihm und seinem Vater zurechtrückt. Indem er es verknüpft mit Gottes Gegenwart. Wenn Gott im Spiel ist, wenn mit seiner Gegenwart gerechnet wird, dann verliert „das absolut Böse" seine Macht. Dann kann es nicht länger die Ausrede sein für unser Nichtstun, unsere Laschheit, unsere Ängstlichkeit.

Wie Gott ins Spiel kommt? Beten. Zum Beispiel: Ich glaube, hilf meinem Unglauben!

22.10.2017
Sünde und Vergebung

Das Evangelium für den heutigen Sonntag fand ich schon als Schüler toll (Lukas 5, 17-29): Jesus, in einem kleinen Haus, eingekeilt durch eine große Menschenmenge. Vier Männer bringen einen Gelähmten zu ihm, kommen nicht durch und steigen deshalb aufs Dach. Dort machen sie ein Loch und lassen den Gelähmten auf seiner Matratze durch die Decke hinunter direkt vor die Füße Jesu. Ich konnte mir das sofort vorstellen wie in einem Film und fand vor allem den Einfall mit dem Loch in der Decke so spannend. Dass die sich trauten, so einen Schaden anzurichten, nur damit dieser arme Gelähmte zu Jesus kommt! Die haben wirklich viel von Jesus erwartet, wow!

Und so kommt es dann ja auch: Am Ende steht der Geheilte auf, nimmt sein Bett und geht nachhause und die Menge staunt. Eine Wundergeschichte halt.

Wir zucken heute die Achseln. Die eigentliche Pointe der Geschichte findet aber vor der Heilung statt. Vor den entscheidenden Worten „Steh auf" sagt Jesus nämlich: „Mein Sohn, dir sind deine Sünden vergeben!" Na und? Wir fragen heute: Was eigentlich soll denn Sünde sein?

Die Fremde, das ist die Sünde. Sünde, das ist die Wüste, in der wir mit uns selbst ganz allein sind. Sünde ist das Hamsterrad, in dem wir pausenlos angetrieben werden, weil wir nur so viel wert sind, wie wir zu leisten imstande sind. Sünde, das ist der moralische Eifer, mit dem wir eben noch allein die Welt retten müssen, denn nur von uns hängt ja alles Gute ab. Sünde, das ist die Zelle, in die wir uns einsperren, weil wir jedes Zurückbleiben, Unterlassen und Versagen nur mit uns selbst abmachen können. Sünde ist die selbst gewählte Einsamkeit, in der wir niemanden haben, der uns hört, wenn wir nachts nicht schlafen können vor Sorge. Sünde ist die hoffnungslose Furcht vor dem Tod, weil niemand auf der anderen Seite auf uns wartet. Sünde ist das verhältnislose Leben im puren Diesseits.

Wenn Jesus Sünde vergibt, dann ist er der Retter aus dieser fremden Wüste. Dann ist er der, der das Hamsterrad anhält, der die Zelle aufschließt, der uns heilsam begrenzt, weil nicht wir die Welt retten, sondern Gott, der uns auf der anderen Seite schon erwartet und der unserer Verhältnislosigkeit ein Ende macht, der unser Misstrauen überwindet.

„Dir sind Deine Sünden vergeben!" heißt dann: Du bist nun mein Sohn, meine Tochter. Du bist nicht, was Du leistest. Du bist auch nicht, worin Du versagst. Du bist zuerst und zuletzt mein Kind. Du kannst nachts schlafen gehen und sagen: Morgen ist ein neuer Tag –mit Gott. Und jeden Morgen kannst Du aufwachen und Dir sagen: Heute ist Gottes Ja zu mir so neu und unverbraucht wie dieser neue Tag. Bei ihm bin ich nicht in der Fremde, sondern in der Heimat. Ich kann nichts tun, damit er mich mehr liebt, ich werde es aber auch nicht „schaffen", dass er aufhört mich zu lieben. Gott unterscheidet mich immer wieder aufs Neue von mir selbst, von meinen Taten und Untaten, von meinen Unterlassungen und allen Verdrehungen meiner Seele. So hilft er mir, mein Maß zu finden, auf die Beine zu kommen und im Leben das zu tun, wozu ich geschaffen bin.

Deshalb ist Sündenvergebung das Herzstück des christlichen Glaubens.

Der Mann im Evangelium jedenfalls kommt wieder auf die Beine. Er ist ja Gottes Kind.

29.10.2017
Reformation und Freiheit

Wird das Reformationsfest 2017 wirklich das große, ökumenisch geprägte Christusfest, als das es angekündigt wurde? Zu befürchten ist, dass vor allem die Medien den Reformator auf die Figur eines historischen Superhelden reduzieren, der Papst und Kaiser trotzt und mit der Bibelübersetzung die deutsche Sprache erfindet.

Mir ist in diesen Jahren der Reformationsdekade Martin Luther vor allem als widersprüchlicher und oft sehr zweifelnder, unsicherer Mensch nähergekommen, seine Lebensgeschichte, seine Stärken und Schwächen, seine Erfolge und sein Scheitern. Mir war früher nicht so deutlich bewusst, wie sehr Luther gedanklich noch im Mittelalter lebte, wie weit entfernt er war von den großen Denkern der Renaissance. Mir wurde auch jetzt erst richtig klar, wie sehr sich seine Einstellungen im Laufe seines Lebens verändert haben. Den Judenhass des alten Luthers, noch wenige Tage vor seinem Tod, habe ich früher so deutlich nicht gesehen.

Mir sind aber vor allem die reformatorischen Grundgedanken wieder sehr wichtig geworden, nur sehe ich sie heute kritischer. Sola scriptura – allein die Schrift! Nur die Bibel ließ er gelten bei seinem Auftreten in Augsburg vor Kardinal Cajetan oder in Worms, vor dem Kaiser. Eigentlich ganz schön gewagt, denn schon Cajetan machte ihn darauf aufmerksam, dass die Bibel selbst ja keineswegs ohne Widersprüche sei. Luther musste sich darüber hinwegsetzen, sonst wäre seine Argumentation hinfällig geworden.

Seine wichtigste Leistung aus heutiger Sicht ist nicht die Gründung der Evangelischen Kirche – das wollte er gar nicht, sondern die Befreiung des Menschen aus der Um-klammerung durch die mittelalterliche Sündenangst, mit der die römische Kirche ihr Geschäft machte. Er beruft sich dabei auf sein Gewissen. Das war das eigentlich neue.

Martin Luther ist, wenn man so will, der erste Mensch der Neuzeit, der mit der Berufung auf seine Individualität, auf sein So-von-Gott-geschaffen-Sein die alten Hierarchien zerbricht. Jeder Mensch hat seinen eigenen Draht zu Gott und braucht dafür im Grunde keine Kirche. Alle getauften Gläubigen sind deshalb selber Priester, Verbindungsleute zu Gott.

Auf den Glauben kommt es an – **Sola fide!** Und sonst nichts.

Nur, wie bekommt man ihn, den Glauben? Er ist Geschenk, Gnade Gottes. Unverfügbar. Nicht zu kaufen. **Sola gratia!**

Bleibt nur das Vertrauen, dass durch Christus – **Solus Christus!** – die Brücke zu Gott schon geschlagen ist. Und dieses Vertrauen muss man wagen. Er macht es vor.

Ein neues, freies Denken hat Martin Luther mit dem Thesenanschlag initiiert, für das wir ihm heute noch dankbar sein können. Und deshalb dürfen wir heute auch anders glauben, als vor 500 Jahren. Mit viel mehr Freiheit, als er selbst sie so mühsam gegen seine eigenen Ängste und gegen die alte Kirche erkämpfen musste. Das dürfen wir feiern. Und zwar gemeinsam. Auch die alte Kirche hat sich ja gewandelt.

Wichtigste Erkenntnis des Jubiläums? Reformation war kein einmaliges Ereignis, sondern darf nie aufhören, sonst verdunstet das Christentum in Belanglosigkeit.

5.11.2017

Die Triebe und der Anstand

„Er nimmt sich jede, die ihm gefällt, lässt sich hofieren und bedienen, Widerspruch duldet er nicht. Alle, auch die Männer nähern sich ihm nur unterwürfig, biedern sich an, weil sie sonst befürchten müssen, dass er sie gnadenlos wegbeißt und vernichtet."

Von wem ist die Rede? Vom amerikanischen Präsidenten? Von Harvey Weinstein, dem Filmproduzenten aus Hollywood? Oder von einem afrikanischen Despoten?

Der letzte Vorschlag stimmt. Die Rede ist vom stärksten Männchen einer Schimpansenhorde. Der genetische Unterschied zwischen uns Menschen und den Schimpansen ist gering, nur knapp zwei Prozent unserer Gene sind anders. Der Firnis unseres Menschseins ist also hauchdünn. Kein Wunder, dass unsere tierische Natur so leicht durchbricht.

Wie sehr wir noch Tier sind, unseren Begierden und Trieben hilflos ausgeliefert, weiß zum Beispiel die Lebensmittelindustrie ganz genau. Jeder, der schon mal eine Chipstüte aufgerissen hat und sich nicht mehr bremsen konnte bis sie leer war, wurde das Opfer einer raffinierten Geschmacksmischung, die alle vernunftbedingten Hemmungen beseitigt: Gier und Triebe sind stärker als Vernunft!

Bei Chips und Schokolade mag das noch angehen. Bei Sexualität sieht das jedoch völlig anders aus, da sind die Unversehrtheit, die Würde und die Freiheit anderer Men-schen betroffen. Den Sexualtrieb einzudämmen und zu steuern ist deshalb eine der wichtigsten Errungenschaften des Menschseins und der Zivilisation. Es nicht auf der Straße zu treiben, das unterscheidet den Menschen vom Hund.

Die Religion hat dazu wesentlich dazu beigetragen, in-dem sie der Sexualität klare Bereiche zugewiesen hat. Das sechste Gebot, das Gebot mit dem Sex: Du sollst nicht ehebrechen! Ein Verstoß dagegen würde Gottes Zorn heraufbeschwören. Seitdem sich niemand mehr vor Gottes Zorn fürchtet, - ich übrigens auch nicht -, müssen andere starke Impulse den Umgang mit den tierischen Anteilen unserer menschlichen Natur regeln. Die Drohung mit Höllenstrafen hat das früher jedenfalls auch nicht so richtig geschafft. Ehebruch und unge-zügelte Sexualität sind nicht erst Erscheinungen der Neuzeit. Deshalb braucht es neue Vereinbarungen des Zusammenle-bens. Sonst befinden wir uns wieder im Dschungel.

Ich finde es großartig, wie sehr die Frauen in den letzten Jahren mit viel Mut anfangen Grenzen zu ziehen und auch den Alphatieren Widerstand zu leisten. Männer müssen lernen, und zwar jede Generation aufs Neue, dass sie eben keine afrikanischen Despoten sind, sonst laufen sie mittler-weile Gefahr öffentlich markiert und geächtet zu werden, wie es eben dem Hollywoodproduzenten Harvey Weinstein passiert ist.

Ach, hätte dieses alte Wort doch mal wieder Konjunktur! Es heißt Anstand. Eltern, bringt euren Söhnen, aber auch euren Töchtern Anstand bei, dann erledigen sich viele Pro-bleme von selbst. Anstand hält Triebe in Schach. Anstand macht respektvolles und liebenswürdiges Zusammenleben möglich. Anstand ist nichts anderes als die gelungene Zu-sammenfassung der zehn Gebote.

Also doch wieder die Religion, die das Menschsein befördert.

12.11.2017

Gotteszorn und Klimawandel

In dieser Woche kam in Bonn die Weltklimakonferenz zusammen. Es geht um konkrete Regeln, die verhindern sollen, dass die Länder ihren CO2-Ausstoß schönreden oder schönrechnen, wie das die letzten Bundesregierungen allesamt getan haben. Ein ungebremster, menschengemachter Klimawandel führt direkt in die Katastrophe. Das steht fest. Wenn noch nicht für uns, dann für unsere Kinder. Selten wird die Schuld der Väter einmal schlimmer gerächt werden.

Mir steht der 90. Psalm vor Augen. Dort heißt es von Gott: *„Das macht dein Zorn, dass wir so vergehen und dein Grimm, dass wir dahinmüssen. Denn unsere Missetaten stellst du vor dich … Wer glaubt's aber, dass du so sehr zürnst, und wer fürchtet sich vor dir in deinem Grimm?"* (Psalm 90, 7f)

Letzte Woche schrieb ich, dass ich mich vor Gottes Zorn nicht fürchte. Ja, ich glaube an den liebenden Gott, der uns in Christus begegnet. Aber ich weiß auch, dass wir seine Schöpfung nicht ungestraft vergewaltigen können. Sie schlägt heftig zurück. Den Grimm seiner Schöpfung sollten wir fürchten!

Die Menschen der Bibel deuteten die Katastrophen ihrer Zeit als Ausdruck des Gotteszorns. Die damals unbezwingbaren Seuchen und Infektionskrankheiten, die Überfälle von feindlichen Nachbarn, die allfälligen Naturkatastrophen, das alles begriffen sie als Folgen ihrer Sünden. Was ihnen blieb war die Klage „Wo bist du eigentlich Gott, wenn man dich braucht?" und der Versuch diesen zürnenden Gott gnädig zu stimmen durch Opfer und Gebet, durch das peinlich genaue Einhalten von religiösen Geboten, die vor allem das Leben bewahren sollten. Sie taten, was sie tun konnten.

Was wir tun könnten, wissen wir ziemlich genau. Warum tun wir's nicht? Warum kaufen wir heute noch riesige Spritfresserautos? Warum müssen wir für 30 € nach Mallorca fliegen? Warum essen wir immer mehr Fleisch, wo doch die Massentierhaltung mit der größte CO_2-Produzent ist? Warum schauen wir ungerührt zu, wie ausgerechnet Deutschland die meiste Braunkohle auf der Welt verfeuert? Wir subventionieren das auch noch ohne Protest durch die viel zu hohen Strompreise.

Die Klimakatastrophe ist der heutige Ausdruck von Gottes Zorn. Nur, wir haben ihn vergessen, Gott und seinen Zorn. Der Anstieg der Ozeane rührt uns nicht, wir leben ja in Oberfranken und das Meer ist weit. Starkregen und Überschwemmungen in viel zu heißen Sommern? Gut für uns, denn bei uns ist es ohnehin zu trocken. Wir können endlich Palmen und Ananas züchten! Wie blöd kann man sein? Es werden bald nicht mehr Kriegs- sondern Klimaflüchtlinge kommen. Unsere Enkel werden uns verfluchen, wenn wir jetzt nicht aufhören mit dem „verhandeln" und nicht anfangen „zu handeln". Wir wissen doch, wie's geht! Fahrrad statt Auto (Ja, Bayreuth braucht mehr Abstellplätze für Räder!), mindestens einen Veggi-Day in der Woche, Energie sparen, wo immer möglich. Und so weiter und so fort. Regeln einhalten, die das Leben bewahren. Alles nicht neu. Im 90. Psalm heißt es auch (V. 12): *„Lehre uns bedenken, dass wir sterben müssen, auf dass wir klug werden."*

Wer immer so weiter macht wie bisher, hat seine Sterblichkeit gründlich verdrängt. Mir ist es egal, wenn er blöd bleibt und nicht klug wird, aber was er für meine Enkelkinder anrichtet, das ärgert mich unbändig.

19.11.2017

Volkstrauertag und Markgrafengruft

Immerhin eine Stunde ist der heutige Feiertag der ARD wert. Der Volksbund Deutsche Kriegsgräberfürsorge e.V. richtet ab 13.30 Uhr im Reichstagsgebäude die zentrale Feierstunde aus. Eine Stunde. Dann ist wieder Programm wie immer, auf allen Kanälen, mit Tatort, Rosamunde Pilcher und Voice of Germany.

Dieser Feiertag ist schon lange unbequem. Er erinnert ja nicht nur an das kriegsbedingte Sterben von Millionen Soldaten und an das unermessliche Leid der Völker, sondern auch an Schuld. Das mögen wir nicht. Irgendwann muss ja mal Schluss sein… Von Schuld keine Rede mehr, lieber von den Heldentaten der Wehrmacht! Schau ich jedoch in die Nachrichtensendungen, dann sehe ich, dass gerade der Volkstrauertag so aktuell und wichtig ist wie kaum ein anderer Feiertag. Krieg allerorten und Vorbereitung dazu. Schau ich in die Zeitung, lese ich, dass sich deutsche Waffenhändler die Hände reiben ob des neuesten Deals ausgerechnet mit Saudi-Arabien. Nun ja, jetzt, wo die deutsche Panzerfabrik in der Türkei nicht mehr durchsetzbar zu sein scheint, kommt das gerade recht.

Der heutige Feiertag führt uns die Konsequenzen des Krieges vor Augen. Man kann sie direkt in der Markgrafengruft der Stadtkirche betrachten. Dort liegt in einer beleuchteten Vitrine am würdigsten Begräbnisort der Stadt ein Gedenkbuch mit weit über 400 Namen von zumeist sehr jungen Männern aus der Stadtkirchengemeinde, Opfer des Wahnsinns im ersten und zweiten Weltkrieg. In der Bildschirmpräsentation daneben kann man alle Namen aufrufen und findet dort vielleicht sogar eigene Familienangehörige.

Zum Gedenken an diese Toten kam 1963 die Gefallenge-
dächtnisglocke in den Südturm, die den Viertelstunden-
schlag gibt. Alle 15 Minuten tönt also laut das Signal in die
Stadt: Gedenkt eurer toten Söhne, Brüder, Väter, Großväter,
und macht euch klar, woran sie starben: An der Unvernunft
und Machtbesessenheit der Herrschenden, am übersteigerten
Nationalismus und Fanatismus, am Wahnsinn des Krieges
und an der Gier seiner Profiteure. Jede Viertelstunde eine
unüberhörbare Mahnung zum Frieden. Gibt es Alternativen
zum Frieden?

Nie wieder Krieg! Die Alten erinnern sich gut an diese
Parole. Sie ist wohl in Vergessenheit geraten. Sonst würden wir es nicht zulassen, dass sich die Erinnerung an die
Konsequenzen von Krieg gerade in Europa zu verflüchtigen
scheint.

Volkstrauertag. Ich weiß nicht, was heute im Reichstagsgebäude gesagt werden wird, aber ich weiß, dass ausgerechnet
die, die es hören sollten, sich ein Ei drauf pellen. Man hält
Krieg wieder für „führbar“, zumal dann, wenn es „Stellver-
treterkrieg“ ist. Wenn woanders mit deutschen Waffen ganze
Volksstämme ausgerottet werden, wie zurzeit im Jemen. Mit
Schuld, wie gesagt, möchte man ja nichts zu tun haben, aber
mit Profit.

„Aus der Tiefe rufe ich, Herr, zu Dir“ (Psalm 130, 1)
heißt die so beeindruckende Stele Walter Greens neben der
Vitrine. Aus der größten Tiefe menschlichen Leids, ausgelöst von menschlicher Dummheit, Bösartigkeit und Gier der
Kriegsgewinnler bleibt der Gott des Lebens und des Friedens
die einzige Adresse unserer Klage. Aber diese Adresse haben
wir! Nicht nur einmal eine Stunde im Jahr. Bei uns alle 15
Minuten.

26.11.2017

Ewigkeitssonntag? Totensonntag?

Der heutige Sonntag will uns zu tiefen Gedanken führen und uns zeigen, was das Leben ist. Leben ist Anleben gegen den Tod. Christine (65) bekommt deshalb diese Woche einen Herzschrittmacher; Heike wehrt sich mit ihren vierzig Jahren mit allen nachlassenden Kräften gegen die Multiple Sklerose; Dieter (61) regelt angesichts des nicht länger zu leugnenden Alzheimers die Nachfolge in seinem Geschäft; Karl (75) verliert durch seinen Diabetes ein Körperteil nach dem anderen, aber er gibt nicht auf und lässt sich im Rollstuhl zur Dialyse bringen. Aus dem eigenen Umfeld kann jedermann zahllose Beispiele dafür aufzählen, wie Menschen um ihr Leben kämpfen. Wenigen bleibt dieser Kampf erspart. „Leben wär' eine prima Alternative" schreibt die von Metastasen auf das Sterbebett gezwungene Maxi Wander (44) in ihrem letzten Brief. Leben IST die Alternative!

Aber heute ist Ewigkeitssonntag, Totengedenken. Leben ist unabwendbar endlich; - das ist unser tiefstes Leiden. Und der Tod ist unumkehrbar endgültig; - das ist die bittere Wahrheit, mit der wir leben müssen. Ewigkeit jedoch ist unsere feste Hoffnung. Sie ist die Verheißung, dass diese Wahrheit auf den Kopf gestellt wird, dass der Tod stirbt und das Leben siegt!

Ewigkeit ist ein Attribut Gottes und drückt seine Existenz unabhängig und über alle zeitlichen Begriffe wie Anfang und Ende aus. Ewiges Leben meint deshalb Teilhabe an der Ewigkeit Gottes. Ob wir das können, an Gottes Ewigkeit teilhaben? Ich glaube schon, denn als seinen Kindern ist sie uns ja *„ins Herz gelegt"* (Prediger 3, 11).

Christus sagt: *„Ich bin die Auferstehung und das Leben. Wer an mich glaubt, der wird leben, auch wenn er stirbt."* (Joh 11, 25) Und *„Ich lebe und ihr sollt auch leben!"* (Joh 14,19) Deshalb singen die evangelischen Christen „Jesus lebt, mit ihm auch ich" und die Katholiken feiern mit dem Christkönigsfest heute seine ewige Herrschaft.

Wie soll man sich ewiges Leben vorstellen? So wie der Münchner im Himmel? Auf der Wolke sitzen und Halleluja singen? Nicht nur mir wäre das zu fad. Was ist das überhaupt, Ewigkeit? Unendlichkeit?

Ein Physikprofessor hat das seinen Studenten mal sehr anschaulich erklärt: „Stellen Sie sich einen sonnengroßen Stern vor aus reinstem Stahl. Immer wenn eine Million Jahre vergangen sind, kommt eine Fliege, setzt sich auf diese gewaltige Kugel und fliegt wieder davon. Wenn der Planet irgendwann von diesen Starts und Landungen der Fliege völlig abgewetzt ist, dann ist die erste Sekunde der Ewigkeit vergangen."

Für die Bibel beginnt die Ewigkeit mit der Erkenntnis Gottes und ereignet sich in der Beziehung zu Christus. Weil diese auch im Tod nicht abbricht, ist für den Christen das Sterben der Übergang in das vollendete ewige Leben, das seinen Anfang aber schon hier genommen hat. Ewigkeit beginnt nicht nach dem Tod, sie ist schon immer. Sie ist jetzt. So sieht das auch der Philosoph Ludwig Wittgenstein:

„Wenn man unter Ewigkeit nicht unendliche Zeitdauer, sondern Unzeitlichkeit versteht, dann lebt der ewig, der in der Gegenwart lebt." Deshalb ist Leben in der Gegenwart so wichtig und der Kampf, den wir um dieses Leben führen, so sinnvoll.

Den Kampf gewinnt, wer für sich weiß: Von Gott kommen wir, in ihm leben wir, zu ihm gehen wir. Nichts kann uns trennen von seiner Liebe. Noch nicht einmal der Tod.

1. Advent 2017 - Adventsstress

„Da hast du wohl Pech gehabt! Denn die hochpreisigen Luxusadventskalender sind alle ausverkauft! Den von Molton Brown für 198 € gibt's schon lange nicht mehr und der von Jo Malone für 360 € war leider sofort weg." Mit etwas billigerem zufrieden sein? Ich bin froh, dass ich solche Sorgen nicht teilen muss. Wenn ich das schon höre „Luxusadventskalender"!

„Weihnachten und seine großen Märkte sind zurück. Egal wo in Bayern, man kann ihnen auch dieses Jahr wieder nicht entkommen. So viel Bohei wird hier um dieses Weihnachtsfest gemacht, wüsste man es nicht besser, man könnte meinen, dass Jesus ein gebürtiger Bayer war. Ich versuche mich auf das zu besinnen, was meiner Erfahrung nach einmal die Idee hinter jenen Weihnachtsfeiern war, die in den kommenden Wochen wieder anstehen. Wenn es dabei je um die Geburt Jesu gegangen ist, sollte man dann nicht in einer Kirche sein und energisch Lieder zu Ehren Gottes mitsingen? Ich frage mich, warum die Menschen hier stattdessen all ihre Energie in eine beeindruckend oberflächliche Darbietung des Konsums, in die Opulenz, die Völlerei stecken, warum sich alles um Gelage, Getränke und Geschenke dreht." Das ist die Außensicht auf unsere Adventszeit von einem nigerianischen Journalisten in der Süddeutschen Zeitung nach zwei Jahren Aufenthalt bei uns. Wenn er recht hat, hat er recht.

Wie kommt man raus aus diesem „Vorweihnachtsbohei" mit Geschenkekaufstress und Alle-Jahre-Wieder-Gedudel? Wie findet man zurück zum Ursprung des sich Beschenkens? Dazu zwei Vorschläge: Die Familie G. aus der Oberpfalz mit ihren sieben Kindern plus Schwiegerkindern, die das Festival junger Künstler in Bayreuth so kräftig unterstützt, hat dem Geschenkegedöns einen Riegel vorgeschoben. Man zieht einen Zettel mit dem Namen eines Familienmitglieds aus dem Hut und für dieses sucht man dann mit viel Feingefühl und Liebe eine passende Weihnachtsgabe aus. Wenn nur eines zu bedenken ist, reichen Zeit und Geldbeutel allemal und niemand geht leer aus. An Heiligabend wichteln in der Familie, warum denn nicht? Und was für ein Spaß bei der Bescherung!

Und der andere Vorschlag: Andere, völlig Unbekannte mit Würde beschenken. Mit der Würde eines Lebens ohne beständige Sorge um das tägliche Brot oder gar Wasser. Heute wird die 59. Aktion Brot für die Welt eröffnet. Fast 850 Millionen Menschen weltweit haben keinen Zugang zu sauberem Trinkwasser und jeder dritte Mensch lebt ohne sanitäre Einrichtungen. „Wasser für alle" heißt es diesmal. In Projekten weltweit werden Menschen beim Bau von Brunnen und Regenwassertanks unterstützt, es werden Lösungen für bessere Wasserhygiene gefunden und Bewässerungssysteme für kleine Landwirtschaften entwickelt. Das geht nicht ohne unseren Beitrag.

Advent – Warten auf den Herrn der Herrlichkeit, den Heiland aller Welt zugleich, der Heil und Leben mit sich bringt. Aber eben nicht nur für uns. Für die anderen auch. Aber durch uns.

Und die, die sowieso schon alles haben, weshalb uns auch kein rechtes Geschenk mehr für sie einfällt, die kriegen heuer nach vielen Jahren Geschenkestress eine handgeschriebene Karte und den Hinweis, dass das Duftwässerchen von Joe Malone diesmal ausgetauscht wurde in richtiges, lebendiges Wasser, weitergereicht durch Brot für die Welt.

2. Advent 2017 - Kopf hoch!

Die Tage werden immer dunkler, aber heute dürfen wir schon zwei Kerzen anzünden!

„Kopf hoch, wenn der Hals auch dreckig ist!" Das hören manchmal Menschen, die „niedergeschlagen" sind. Wer jedoch am Boden liegt und den Kopf heben soll, der sieht da unten nichts als sein Problem. Man muss erst wieder „auf die Füße kommen", um Licht zu sehen. Aber wie kommt man wieder hoch? Wo findet man einen Sinn, für den es sich lohnt aufzustehen und die anstehenden Probleme zu lösen?

Jesus sagt, und das ist der Wochenspruch für den heutigen 2. Advent: *Seht auf und erhebt eure Häupter, weil sich eure Erlösung naht.* " (Lukas 21, 28)

Der Philosoph Friedrich Nietzsche, meinte jedoch, wenn der Glaube wirklich ernst zu nehmen wäre, dann müsste er genau diese Wirkung haben, nämlich den Menschen helfen, auf die Beine zu kommen, erhobenen Hauptes zu leben, so dass man ihnen ihre Erlösung auch ansehen könne. Aber das würde er an den Christen vermissen und deshalb seien sie unglaubwürdig. Wie könnte man Nietzsche widerlegen?

„Kopf hoch!" sagt Jesus aus einer anderen Perspektive. Er spricht nicht von der Lösung von Problemen, sondern er sagt es im Hinblick auf die nahende Erlösung: „Seht auf, erhebt eure Häupter!" Der Realist Jesus weiß, wie es den Menschen gehen kann: Dass sie oft große Probleme haben, dass sie oft niedergeschlagen sind. Egal ob krank oder einsam, todtraurig, aus dem Job geflogen, von den Kindern gekränkt oder vom Partner verlassen, - er weiß um unsere oft genug verzweifelte Suche nach Lösungen in unseren oft so verfahrenen

Lebenssituationen und er bietet Hilfe an. Aber auf einer anderen Ebene. Er verspricht: Hilfe kommt! Erlösung naht! Und hier liegt wohl der entscheidende Hinweis.

Es geht dem Glauben, der Nietzsche so verdächtig ist, nicht um Lösungen, sondern um Erlösung! Und das bedeutet ja nichts anderes, als um die Entdeckung von Sinn, von Hoffnung, von Lebensgrund, wo alles sinnlos und hoffnungslos und lebensverderbend geworden zu sein scheint. Kein noch so frommes Wort wird unsere Probleme lösen, aber wenn das Jesuswort von der nahenden Erlösung auch nur einem einzigen dazu verhilft, seinen Glauben wieder zu suchen, den Sinn in seinem Leben neu zu entdecken, die Hoffnung auf Lösungen nicht aufzugeben, die Dinge anders und neu zu sehen, vielleicht die eigenen Kräfte neu zu bewerten, neu einzusetzen, weil es sich lohnt, dann hat Nietzsche schon verloren.

Das, worum wir in jedem Vaterunser beten: „Erlöse uns von dem Bösen", das wird geschehen, sagt Jesus, ganz gleich, wie die Lage augenblicklich ist. Erlösung noch nicht jetzt, nicht sofort, nicht augenblicklich, aber sie „naht", sie ist im Kommen, sie kommt auf mich zu. Nichts anderes ist die Botschaft der Adventszeit! Ich finde das ganz wichtig: Nicht ich muss für meine Erlösung ackern und arbeiten, nicht ich muss mich auf den Weg machen, um sie zu suchen, sondern sie kommt, ganz von selbst. Darauf zu warten lohnt!

„Kopf hoch! Schau nicht immer an die schwarze Wand des Loches, in dem du gerade steckst. Schau hinauf, dorthin woher das Licht kommt, das die Schatten in deinem Leben vertreibt! In seinem Schein wird dir die Kraft zuwachsen, die du jetzt brauchst."

Wie gesagt: Heute dürfen wir schon zwei Kerzen anzünden, - und es werden immer mehr!

3. Advent 2017 - Wegbereitung

Ein mit knapp fünfzig immer noch sehr jugendlicher Mann, den ich sehr schätze, sagte mir rundheraus: „Mit Weihnachten habe ich es nicht so! Schon seit Jahren halte ich mich da völlig raus." Ich bin mir ziemlich sicher, er, dieser coole Typ, spricht für seine ganze Generation. Wenn es nicht um die Kinder ginge, wäre Weihnachten für die meisten Zeitgenossen wahrscheinlich nur noch eine zwar willkommene, gemütlich warme Feiertagsinsel in der kalten Jahreszeit, aber im Grunde überflüssig. Ein Event, ähnlich wie Fasching, nur etwas gediegener vielleicht. Nun ja, da ist noch die Sache mit den Geschenken! Aber eigentlich ist das auch nur lästig, und überhaupt: „Meine Frau und ich, wir schenken uns übers Jahr immer wieder etwas. Den Weihnachtsrummel brauchen wir nicht." Im Geheimen muss ich ihm recht geben. Ist mir selber das jährliche Weihnachtstrara nicht auch schon seit langem zu viel, zu oft, zu schnell wieder da? Alle zwei, drei Jahre würde doch reichen, oder? Aber dann lese ich den Wochenspruch für heute: *„Bereitet dem Herrn den Weg; denn siehe, der Herr kommt gewaltig."* (Jes. 40, 3.10).

Den Weg bereiten? Wohin soll er denn führen, der Weg?

Augenblick mal, Weihnachten heißt doch: Gott kommt in die Welt und sein Weg will direkt in unser Herz führen! Zu uns, mitten in unser Leben hinein, in unsere Ängste und Probleme, in unsere unerfüllten Hoffnungen und Sorgen. Eigentlich kann es das doch gar nicht oft genug geben!

Gottes Weg will ja nicht nur einmal jährlich zu den treuen Kirchenchristen führen, sondern Weihnachten ist sein immerwährendes, globales Angebot für alle. Nicht nur für Kinder, auch für abgeklärte, coole Typen.

„Bereitet dem Herrn den Weg", das kann man dann auch als unsere Aufgabe verstehen, einen Weg zum Herzen eines anderen zu suchen. Gottes Weg in die Welt, der kann dann auch zu dem griesgrämigen Nachbarn führen, der sich schon lange so verhärtet hat, dass kaum noch jemand mit ihm sprechen will. Der Pfad ins Herz, der kann dann auch den Studenten von gegenüber erreichen, den es jedes Jahr aufs neue graust vor dem scheinheiligen Weihnachtsgerede vom Frieden, der niemals einkehrt. Mit dem mal eine Tasse Tee trinken und staunen, was junge Leute heute wirklich bewegt! Und wenn man drüber spricht und dran bleibt, dann kann die Weihnachtsbotschaft plötzlich auch den coolsten Typen anrühren.

Das heutige Bibelwort sagt im Grunde: Weg mit all dem Krampf. Weg mit diesem ganzen Schrott aufgesetzter, künstlicher Gefühle, mit all dem Gedudel und dem ganzen Weihnachtsgalasuperkitsch und auf den Punkt kommen! Sprechen wir lieber ehrlich davon, wie leer wir sind und ausgebrannt, wie nötig wir neue Hoffnung haben, wie sehr wir uns Frieden wünschen, wonach wir uns sehnen, dass wieder Freude einkehre, was unsere Träume sind, ja, wie sehr wir Weihnachten brauchen...

Ehrliche Worte können Türen öffnen! Wegräumen, was die Straße zu einem Mitmenschen versperrt, die Ankunft des Herrn wenigstens bei einem Nächsten vorbereiten – das ist jetzt dran im Advent! Ist denn Weihnachten meine Privatsache? Will Gott denn nur bei mir ankommen?

Das Schöne daran, wir tun diesen Dienst der Wegbereitung gar nicht nur für den anderen! Wir werden merken: Wer Gottes Weg zum Herzen eines Mitmenschen bahnt, der bereitet auch sein eigenes Herz. Seltsam – und wunderbar!

Weihnachten 2017 - Angekommen

Es dämmerte und es hatte aufgehört zu schneien. Sie war gerade fertiggeworden. Der Tisch war festlich gedeckt, der Christbaum geschmückt, der Braten im Rohr. Jetzt noch ein kurzer Spaziergang durch die Siedlung zum Luftholen. Ob die Kinder pünktlich da sein würden?

Früher, als ihr Mann noch lebte, da fuhren sie an Heiligabend immer zur Familie des Sohns, aber seit beide Enkeltöchter irgendwo in der Welt unterwegs waren, kamen Sohn und Schwiegertochter schon seit mehreren Jahren an Weihnachten zu ihr. „Bei dir schmeckt es wenigstens! Dafür würde ich auch zweihundert Kilometer fahren statt hundert", pflegte Peter zu lästern. Silke, seine Frau, zog dann die Brauen hoch und der Weihnachtsfrieden wackelte. - Überhaupt, der Weihnachtsfrieden!

Die klare Luft tat gut und sie genoß die Stille, die sich mit dem Schnee auf das Dorf herabgesenkt hatte. Herr Meier hatte dieses Jahr die Lichtergirlanden am ganzen Dachfirst und an den Regenrinnen entlanggezogen. Für wen machte er das? Er war jetzt ja auch schon acht Jahre allein und Kinder gab es nicht. Bei Röttgers nebenan waren alle Büsche im Garten mit Lichternetzen überzogen. Im Schnee sah die ganze weihnachtlich dekorierte Siedlung wie verzaubert aus und ihr wurde bewußt, dass sie vergessen hatte den weißen Stern unterm Vordach aufzuhängen. Peter würde ihn vermissen. Weihnachten… Ob Silke dieses Mal wohl mitgehen würde zur Christmette um Mitternacht? All die Jahre hatte sie immer eine andere Ausrede gehabt.

Die Handyklingel riss sie aus den Gedanken.

„Ach das ist schade! Ja, natürlich verstehe ich, dass ihr bei dem Schnee lieber zuhause bleibt, besonders wenn Silke sich nicht wohlfühlt. Frohe Weihnachten!"

Ihr fröstelte. Dann eben nicht!

Nach kurzem Zögern bog sie energisch ab und ging in großen Schritten den Weg hinunter zur Kirche. Der Schnee war festgetrampelt, niemand hatte geräumt. Sie betrat die Kirche mitten im Krippenspiel und blieb neben der Tür stehen, weil die Bänke alle besetzt waren. Der Kinderchor in Engelsgewändern sang „Zu Bethlehem geboren" und der Scheinwerfer folgte der in blaues Tuch gehüllten Maria, die ihre Babypuppe in das Stroh der Krippe legte. Im Dämmerlicht sah sie unterm Weihnachtsbaum ein paar Hirten herumlungern. Am Eingang auf der anderen Kirchenseite warteten schon die heiligen drei Könige.

Jemand winkte ihr zu und rückte in der Bank etwas zur Seite. Sie nahm Platz. „Sehen Sie! Der Schwarze, das ist Berhane!" Herr Meier deutete auf die drei Könige. „Er wird jetzt gleich seinen Spruch vom Stern sagen! Wir haben kräftig miteinander geübt!" Berhane, der kleine Äthiopier, der mit seiner Mutter vor knapp zwei Jahren ins Dorf gekommen war, sagte mit klarer Stimme und ohne zu stocken seinen langen Spruch auf vom Stern und vom Weihnachtsfrieden, den sein Licht für die ganze Welt bringt. Dann hängte er den Stern in den Weihnachtsbaum über die Krippe und plötzlich waren die Hirten in helles Licht getaucht. Berhane strahlte, die Gemeinde klatschte und auch Herr Meier strahlte. „Jetzt sind sie bei uns angekommen, Berhane und sein Mutter!"

Sie räumte die Tischdeko etwas zur Seite und stellte noch ein Gedeck dazu. Später holte Herr Meier noch eine Flasche Wein von drüben. Die als Geschenk für Silke gedachte Jacke passte Berhanes Mutter wie angegossen.

Berhane war im großen Sessel eingeschlafen, aber draußen vor dem Fenster leuchtete sein großer Stern. Sie hatten ihn mitgenommen und Meier hatte ihn noch angeschlossen.

Es schneite wieder, aber ihr war jetzt warm. Der Weihnachtsfrieden war da.

2018

Jahreslosung 2018 - Vertrauen

Wie fanden Sie das alte Jahr 2017? - Wirklich, so schlimm? Aha. Ja, hatten Sie denn etwas anderes erwartet?

Wie wird denn das neue Jahr 2018 werden? - Tja, „Prognosen sind schwierig, besonders, wenn sie die Zukunft betreffen", sagte Karl Valentin, oder war's Mark Twain?

Wie kann man sich denn auf all die Unwägbarkeiten, die auf uns zukommen, vorbereiten?

Das geht, nämlich mit Vertrauen.

Ich finde es gut, dass wir nicht in unsere Zukunft blicken können, denn wie würden wir dann leben? Und ich finde es noch besser, dass wir sie trotzdem gestalten können. Die Voraussetzungen dafür sind bei uns so gut wie kaum irgendwo sonst auf der Welt. Und deshalb kann ich das ganze Genörgel und die Unzufriedenheit und die Ängstlichkeit, die sich so lähmend in unserem Land ausbreiten, einfach nicht verstehen.

Dieses deutsche Grundmisstrauen ist ja nichts anderes als der Ausdruck von kollektiver Undankbarkeit und Vergesslichkeit. Unsere Alten wollten, dass es uns einmal bessergeht. Und? Geht es uns heute schlechter als ihnen damals? Die meisten Menschen im Rest der Welt hätten liebend gerne unsere Probleme und würden sofort mit uns tauschen!

Wie gehen wir also um mit unserer Zukunft, mit dem neuen Jahr? Ich empfehle dreierlei.

1. Nichts erwarten!
2. Mit allem rechnen!
3. Die Hoffnung nicht aufgeben!

Also, wir sollen schon vorsichtig sein und abwartend in der Grundhaltung, aber auch wachsam und neugierig auf das, was auf uns zukommt. Andererseits aber auch absolut klar und optimistisch im Gestaltungswillen! Und das geht, wie gesagt, mit Vertrauen.

„Die Welt ist komplizierter geworden, die Globalisierung ist nicht aufzuhalten, die religiösen Unterschiede sind eine Gefahr, die Moral zerbricht!"

Diese Zustandsbeschreibung unserer gefährdeten Welt ist fast zweitausend Jahre alt! So sah die Welt schon aus, als damals das Buch der Offenbarung geschrieben wurde. Den Menschen wird dort angekündigt, dass Gott eine neue Erde und einen neuen Himmel schaffen wird, dass der Tod nicht mehr sein soll und kein Leid und Geschrei. Gott wird mitten in seinem Volk wohnen. Dort steht auch:

„Ich will dem Durstigen geben von der Quelle lebendigen Wassers umsonst" (Offenbarung 21,6).

Diese Verheißung ist die **Jahreslosung für 2018**. Die Quelle ist ein Bild, das für Gott selbst steht, für seine Gerechtigkeit, für sein Heil, für seine lebendig machende Gegenwart. *„Ich mache alles neu!"* sagt dieser Gott im Vers zuvor. Alles wird gut, und das umsonst! Frei erhältlich, „allein aus Gnade", würde Martin Luther sagen.

Wem gehört die Zukunft?

Dem Leben, Gott gehört die Zukunft und wir gehören ihm; gerade haben wir seine Menschwerdung gefeiert. Darauf zu vertrauen, das befreit uns von aller lähmenden Angst; sie ist ja letztlich nichts anderes als heftiger Lebensdurst.

Holen wir uns, so, wie der Wanderer, der sich nach langem, ermüdendem Weg richtig satt trinken kann, aus dieser Quelle frischen Schwung. Machen wir uns vertrauensvoll auf in ein befreites, engagiertes und leidenschaftliches Leben, hinein in ein hoffnungsvolles Neues Jahr. So viele ungelöste Fragen wollen endlich bearbeitet werden, so viele Konflikte bereinigt! Also Schluss mit der ganzen Zauderei und dem Verhocken.

Es wird vielleicht nicht schmerzfrei zu haben sein, das neue Leben im neuen Jahr, jedenfalls steht das nirgends geschrieben, aber es wird Leben sein!

Die Lebensquelle sprudelt und Vertrauen - kostet nichts!

2018 – hoffentlich ein Traumjahr!

„Mit 17 hat man noch Träume!" sang Peggy March.

Mit 18 macht man in unserer Zeit Abitur, aber man hat – hoffentlich! - noch nicht aufgehört zu träumen. Heuer geht der erste Jahrgang ins Abitur, der eine 2 am Anfang des Geburtsjahrs stehen hat, - die 2000er sind angekommen! Sie sind in einem spannenden Jahr gelandet, das mit bedeutungsschweren Erinnerungsterminen gepflastert ist.

Das beginnt schon morgen an seinem Geburtstag mit dem Martin-Luther-King-Gedächtnistag, der in den USA zum Gedenken an den großen Vorkämpfer für die Rassengleichheit als Feiertag begangen wird. Im April vor 50 Jahren wurde er ermordet. „I have a dream!", seine große Rede wird unvergessen bleiben und ist – leider - wieder hochaktuell. Überhaupt war 1968 ein Jahr des Aufbruchs und der Proteste. Die internationale Jugend lehnte sich auf gegen die herrschenden Verhältnisse, gegen den Vietnamkrieg vor allem. Weitere Attentate, etwa auf Robert Kennedy und Rudi Dutschke, erschütterten die Menschen. Der „Prager Frühling" wurde niedergeschlagen aber auch der Atomwaffensperrvertrag unterzeichnet.

Weil 1968 so viel bewegt hat, bleibt es ein bedeutsames Jahr, das den 2000ern vermutlich in den Abiturthemen begegnen wird. Möglicherweise wird aber auch der 23. Mai dort eine Rolle spielen. Er ist nicht nur der Tag des Grundgesetzes, sondern er war vor genau 400 Jahren mit dem Prager Fenstersturz das Datum für den Beginn des 30-jährigen Krieges. Kaum eine Zeit hat unser Land mehr erschüttert und geprägt als diese jahrzehntelange Schlächterei im Namen der Religion. Eine andere grauenhafte Schlächterei fand hingegen vor genau 100 Jahren ihr Ende, nämlich der 1. Weltkrieg am 11. November 1918.

Dieser Krieg unter christlich geprägten Nationen hätte genau wie der folgende 2. Weltkrieg niemals stattfinden dürfen, denn gerade wegen der schrecklichen Konfessionskriege vor 400 Jahren sind doch besonders wir Deutsche eigentlich prädestiniert für den Frieden. Wir hätten doch begreifen können: Das Christentum besteht aus jüdischen Wurzeln aus denen die Glaubenserfahrungen der ersten Christen gewachsen sind, die sich rasch in alle Welt ausbreiteten. D.h., die Geschichte Gottes mit seinem Volk endet nicht mit dem Alten Testament, sondern geht weiter mit allen Menschen. Die gesamte Menschheit ist Gottes Volk, gleich welcher Nation oder Rasse. Christus ist für alle gestorben, nicht nur für Protestanten oder Katholiken. Das sollte doch nach so viel Leid inzwischen gemeinsame Überzeugung sein, oder nicht?

Nach was für einer Welt sehnen wir uns 2018?

Ich träume nicht von einer Welt mit immer dichteren Grenzen zwischen den Religionen. Mein Traum ist kein Globus voller Stacheldraht und hohen Mauern, hinter denen sich Kulturen, Konfessionen und Religionen verschanzen. Ich träume von einer Welt, die aussieht wie ein großer Marktplatz, auf dem man sich in Freundschaft trifft, sich unterhält und begegnet. Ein Ort, an dem alle Menschen einen Platz haben, wenn sie den Geist der Feindseligkeit gegenüber den Anderen abgelegt haben. Noch haben wir die Chance, dass wenigstens unser, von der Geschichte so geschundener Kontinent Europa sich dorthin entwickelt. Aber er ist bedroht, dieser Traum. Deshalb dürfen wir nicht damit aufhören, ihn unseren Jungen weiter zu erzählen. Wehe, wenn sie aufhören zu träumen!

Einsamkeit

Ist das nicht verrückt? Täglich erscheinen in den Zeitungen und im Internet jede Menge Kontaktanzeigen von Menschen, die unbedingt aus dem Gefängnis ihrer Einsamkeit herausmöchten. Dabei ist es dank Smartphone und den „sozialen Medien" so einfach wie noch nie Kontakte zu knüpfen und zu pflegen, und doch leiden immer mehr Menschen unter Einsamkeit. Großbritannien hat seit ein paar Tagen sogar eine Ministerin, die sich um das Thema Einsamkeit kümmern soll. Politiker von CDU und SPD fordern die Schaffung einer entsprechenden Stelle im Gesundheitsministerium. Wenn sogar schon Politikern auffällt, dass da dringender Bedarf ist, was ist passiert?

In den letzten 50 Jahren ist die Zahl der Einpersonenhaushalte in Deutschland von 25 auf 41 Prozent gestiegen. Das heißt, dass inzwischen bald die Hälfte aller Bundesbürger alleine aufwacht, alleine frühstückt, alleine zur Arbeit fährt, mit kaum jemandem spricht, alleine zu Abend isst. Die ersten und die letzten Worte des Tages spricht das Radio. Und das Tag für Tag. Das ist passiert. Man kann das ja preisen unter dem Stichwort „Individualisierung", aber ich halte es für eine fatale Entwicklung.

Einsam ist jemand, der das Gefühl hat, völlig unbedeutend und isoliert zu sein. „Kein Schwein ruft mich an, keine Sau interessiert sich für mich," schilderte Max Raabe schon vor 20 Jahren das Problem. Im Lied verspricht er sich die Lösung durch den Anrufbeantworter. Aber auf dem meldet sich dann auch nur jemand, der sich verwählt hat. Heute versuchen es die Leute mit Parship und Tinder - mit gleichem Ergebnis.

Die Einsamkeit ist in der Regel eine selbstgewählte(!) Gefängniszelle, die sich nur von innen öffnen lässt. Den Schlüssel haben wir jedoch selbst in der Hand. Wie kommt man da also raus? Was könnte der Schlüssel sein?

Vielleicht Freundlichkeit? Wünschen Sie mal einem Wildfremden, der Ihnen die Tür aufhält oder dem Menschen an der Kasse einen schönen Sonntag. Damit schalten Sie ein Lächeln an. Freundliche Menschen sind selten einsam!

Vielleicht Bescheidenheit? Vielleicht sollte ich den Anspruch aufgeben, dass es für mich der strahlende Prinz auf dem weißen Pferd zu sein hat? Vielleicht sollte ich mich dem Nachbarn nebenan nicht so grenzenlos überlegen fühlen? Vielleicht sollte ich damit aufhören ihn mit Kinkerlitzchen zu nerven? Wer keine maßlosen Ansprüche an sein Gegenüber stellt, ist seltener einsam!

Vielleicht Mut? Mut zum Kontakt ist alles. Menschen, bzw. den einen Menschen finde ich nur unter Menschen. Entweder lade ich sie ein oder ich gehe dorthin, wo sie sind.

Übrigens, selbstbewusste Menschen sind niemals einsam, auch wenn sie alleine sind! Wenn ich weiß, dass es gut ist, dass es mich gibt, dann finden andere das auch gut und sind gerne mit mir zusammen.Das ist uns damals sehr deutlich gesagt worden, als wir getauft wurden: „Gut, dass du da bist! Gut, dass es dich gibt! Du bist geliebt!" Und dann wurde uns noch zugesagt: „Du bist nicht allein!"

Dass Gott versprochen hat uns nahe zu sein, darauf kann sich seine Kirche (wer ist das eigentlich?) allerdings nicht ausruhen. Sie ist es, die hin muss zu den Menschen, denn Gott hat ja keine anderen Füße als unsere.

Dann bräuchte es auch keinen „Einsamkeitsminister", oder etwa doch?

Im Sandkasten damals, gehörten Sie da zu den Starken oder zu den Schwachen? - Wahrscheinlich hat sich bis heute nichts geändert: Da wird es viele Menschen geben, die schwächer sind als Sie, aber eben auch genug stärkere, coolere Typen.

Was heißt schon stark? Was heißt schwach? Geht es um das Mundwerk oder um die Muskelkraft oder um die Schönheit? Um das Bankkonto oder um die Anzahl der „Freunde" bei Facebook? Um das Halbjahreszeugnis oder um den Medaillenerfolg bei der Winterolympiade?

Die alleinerziehende Mutter mit ihren drei Kindern von drei verschiedenen Vätern, von der die Nachbarn sagen „Was macht die eigentlich den ganzen Tag?" - ist die stark oder schwach? Der rücksichtslose Drängler an der Kasse oder auf der Autobahn, - ist der stark oder schwach? Der smarte Abteilungsleiter, der seine Kinder immer nur sieht, wenn sie schon im Bett sind und schlafen, - ist der stark oder schwach? Seine Frau, die die Liebhaber wechselt wie die Hemden, - ist die stark oder schwach?

Der für heute vorgesehene Predigttext (2. Kor. 12,1-10) stellt unsere brutale Sandkastenwerteskala gründlich auf den Kopf. Da spricht Gott zu Paulus (V.9):

„Lass dir an meiner Gnade genügen; denn meine Kraft ist in den Schwachen mächtig."

Dieser kuriose, ja paradoxe Satz - seine Wucht ist mir erst klargeworden, als ich ihn von einem Alkoholpatienten hörte, der einen jahrelangen, immer wieder vergeblichen Kampf gegen seine Sucht geführt hatte. Von den Anonymen Alkoholikern wusste er schon lange: Du musst dir deine Schwäche eingestehen. Du musst dir klarmachen, dass der Alkohol stärker ist als du. Verlass' dich nicht auf deine eigene Kraft, sonst bist du verlassen…

Irgendwann, nach so und so viel Entgiftungen und Rückfällen, da hatte er's begriffen: Erst wenn du dir deine Schwäche zugibst, wenn du akzeptierst, dass dein Gegner stärker ist als du, wenn du den Kampf aufgibst, - dann bist du gerettet! Geh dem Gegner aus dem Weg. Das ist das ganze Konzept. Du weißt, du bist schwach, also lasse das erste Glas stehen. Wenigstens heute. Was morgen ist, wer weiß das schon, aber jetzt, jetzt gib zu, dass du schwach bist. Lass das Glas stehen, geh dem Gegner aus dem Weg!

Für diesen Patienten war das die Lebensrettung. Er sah in der Kraft, das Glas tatsächlich stehen zu lassen, Gottes Gnade. Das Pauluswort ist kein Wort, das unsere Welt des gnadenlosen Konkurrenzkampfes einfach so überwinden könnte. Aber es ist ein tröstliches Wort, weil es unser Leben auch dort verheißungsvoll macht, wo es scheinbar klein, unwichtig, schwach und unbedeutsam erscheint. Wo wir scheinbar auf der Verliererseite sind.

Gott ist auch hier mittendrin, sagt uns der Apostel. Gott ist mittendrin in deiner Schwachheit. Ihm brauchst du nichts vorzumachen, bei ihm brauchst du nicht den dicken Max zu markieren. Er liebt dich, so wie du bist, sonst hätte er dich anders gemacht. Deine Schwachheit ist nur scheinbar schwach. Sei achtsam! Achte auf dich selbst und lasse dich überraschen, welche Stärken er dir mitgegeben hat! Vielleicht findest du darunter sogar die Kraft nein zu sagen zur nächsten Zumutung oder Versuchung? Was für eine Gnade das wäre! Wissen Sie jetzt, ob Sie zu den Starken oder zu den Schwachen gehören?

11.2.2018

Prophet gesucht

„Drei Dinge möchte ich heute gerne sagen. Erstens: Während Sie heute Nacht geschlafen haben, sind 30.000 Kinder verhungert oder an den Folgen von Unterernährung gestorben. Zweitens: Die meisten von Ihnen interessiert das einen Scheißdreck. Und das Schlimmste ist drittens, dass Sie sich mehr daran stören, dass ich ‚Scheißdreck‘ gesagt habe, als daran, dass heute Nacht 30.000 Kinder gestorben sind."

So Tony Campolo, amerikanischer Soziologe, Baptistenpfarrer und geistlicher Berater von US-Präsident Bill Clinton in einer aufwühlenden Predigt. Er hält den Menschen, denen ordentliche Umgangsformen und ein angepasstes, angenehmes Äußeres so viel wichtiger sind als schreiendes Unrecht oder katastrophale Zustände, den Spiegel vor. Er provoziert sie, denn sie brauchen es dringend, dass ihnen einer ihre Heuchelei und Gleichgültigkeit ins Gesicht schreit, sie aufweckt aus ihrer arroganten Lethargie und Ängstlichkeit. Zu biblischen Zeiten taten das die Propheten, heute tun es woanders Menschen wie Campolo. Wer tut es bei uns?

Damals, vor 2.750 Jahren, stach ein Prophet besonders heraus. Amos, ein einfacher Schafzüchter, sah die sozialen Zustände im Lande: Die Kleinen, Unschuldigen ausgebeutet und geknechtet, kommen nicht zu ihrem Recht, weil dies die herrschenden Oberschicht immer wieder brutal verhindert. Aber die ummäntelt ihr übles Treiben dann auch noch mit Religion, mit frommem Getue, mit feierlichen, aber inhaltsleeren Zeremonien. „Die sozialen Unterschiede sind doch gottgewollt, also lobet den Herrn!" Das kennen wir heute noch!

An Amos muß ich oft denken, wenn ich diese religiös so

aufgeladene Welt betrachte, den „Gottesstaat" Iran oder die arabischen Länder, Russlands Putin umgeben von seinen orthodoxen Priestern, Sultan Erdogan inmitten seiner willfährigen Imame oder den verkrampften Vorbeter bei Trumps Auftritten. Überall Feigenblattreligion. Wer macht diese Herrschaften mal mit Amos bekannt?

Amos 5, 21-23: Gott spricht: *Ich hasse eure Feste und kann eure Feiern nicht ausstehen. Eure Brandopfer und Speiseopfer sind mir zuwider; das gemästete Vieh, das ihr für das Opfermahl schlachtet, kann ich nicht mehr sehen. Hört auf mit dem Geplärr eurer Lieder! Euer Harfengeklimper ist mir lästig!"*

Ein Amos hätte freilich auch in unserem sozial wie religiös immer armseligeren Deutschland einiges zu sagen. Seine Kritik im alten Israel setzte an beim Gottesdienst. Unsere entkirchlichte Gesellschaft würde er heute wahrscheinlich bei ihren „Werten" packen, von denen ja immer so wohlfeil die Rede ist, die Menschenrechte etwa oder „Das Christliche" oder „Das Soziale". Vielleicht würde Amos heute im Bundestag schreien:

„Hört endlich auf mit euren Schönwettersonntagsreden! Verzichtet auf eure heuchlerisch-zerknirschten Klagen über Fremdenfeindlichkeit und Antisemitismus ausgerechnet am Tag des Holocaustgedenkens, wenn ihr schon am anderen Tag mit menschenfeindlichen Beschlüssen zum Familiennachzug von Flüchtlingen und lächerlichen Ausreden zu den Waffenexporten daherkommt! Wie soll das zusammenpassen?"

Auf alle Fälle hat er gerufen (5, 24): *Sorgt dafür, dass jeder zu seinem Recht kommt! Recht und Gerechtigkeit sollen das Land erfüllen wie ein Strom, der nie austrocknet!*

Gottesdienst nach Art des Amos findet im Alltag statt und Recht und Gerechtigkeit ist dort das mindeste. Ich glaube, wir brauchen Amos nicht weniger als der Rest der Welt.

Invokavit - Stimmung in der Passionszeit

Wie fühlt sich Ihr Leben an? Leben Sie in guten Zeiten oder in schlechten?

Je nachdem, wie wir gestimmt sind, bewerten wir das ganz unterschiedlich: Was wir heute noch richtig genießen, bereitet uns morgen schon wieder Verdruss. Sind wir glücklich, dann trägt alles irgendwie bei zu unserem Glück. Sind wir unglücklich, so trägt alles und jedes kräftig bei zu unserem Unglück. Nichts taugt dann etwas. Letztlich hängt also alles ab von unserer Stimmung. *„Die Welt des Glücklichen ist eine andere als die des Unglücklichen"* sagt der Philosoph Ludwig Wittgenstein.

Manchmal denke ich, wir Menschen sind wie kostbare Musikinstrumente: Alles hängt davon ab, dass wir richtig gestimmt sind. Aber das haben wir nicht einfach in der Hand. Eine verstimmte Orgel kann sich nicht selbst stimmen und intonieren und genau so kann die Grundstimmung unseres Lebens nicht aus uns selber, sondern nur von außen verwandelt werden.

Das klassische Beispiel dafür ist der Apostel Paulus. Er hat so eine große Um-Stimmung erlebt: Früher, als er noch Saulus hieß, war er überzeugt, dass das Leben nur durch fromme Anstrengung, durch religiöse Leistung seinen Wert gewinnt. Aber dann erfährt er, dass ihm Sinn und Wert seines Lebens ganz umsonst zugesprochen werden. Er begreift und glaubt: Ein anderer hat schon alles Wesentliche für mein Heil getan.

Was ist passiert? Dem Saulus ist der gekreuzigte und auferstandene Christus begegnet. Es muss ein dramatisches Erlebnis gewesen sein damals in der Nähe von Damaskus. Seine grundlegende Lebensstimmung hat sich dadurch völlig verändert. Aus dem aggressiven und fordernden Saulus wird der demütige und in sich gekehrte Paulus. Er begreift vor allem: Leid und Tod trennen nicht von Gott.

Das war ja die Meinung des Saulus vor der Begegnung mit dem Auferstandenen gewesen: Dieser Jesus von Nazareth, den sie ans Kreuz gehängt haben, mit dem will Gott absolut nichts zu tun haben. Jemand, der so leidet und so schrecklich stirbt, der kann ja nur von Gott verlassen und verstoßen sein.

Als Paulus aber sieht er es anders. Dass Jesus Kreuz und Tod erlitten hat, bedeutet nicht, dass Gott sich von ihm losgesagt hat. Der Gekreuzigte wird vom Tode wieder auferweckt, Gott sagt „ja" zu ihm.

Gott zieht sich nicht von denen zurück, die leiden, die sterben. Davon berichten viele, dass sie gerade in sehr schlimmen Zeiten Gottes Nähe spüren. So sieht das offensichtlich dann auch Paulus, wenn er mitten in allen Mühen, Plagen und Leiden seines Lebens sagen kann: *„Siehe, jetzt ist die Zeit der Gnade, siehe, jetzt ist der Tag des Heils!"* (2. Kor 6,2)

Man kann das Zitat von Ludwig Wittgenstein deshalb auch variieren: *„Die Welt des Glaubenden ist eine andere als die des Nichtglaubenden."*

Im Licht des Glaubens stellt sich die Welt anders dar, auch wenn jedes Detail dieser Welt ganz genau gleichbleibt. Auch für den Glaubenden verschwinden Leid und Trübsal ja nicht einfach. Auch der Frömmste wird einmal sterben. Aber dennoch ist im Glauben die grundlegende Lebensstimmung eine andere. Der Glaube verändert das Lebensgefühl:

Die Gegenwart kann dadurch zur Zeit der Gnade werden. Dann wird der heutige Tag zum Tag des Heils, auch wenn das Leiden bleibt, auch wenn die Nöte nicht einfach verschwinden, - die Grundstimmung verändert sich dann trotzdem, - von Moll nach Dur.

Es ist die Erfahrung einer Veränderung, zu der uns die gerade begonnene Passionszeit einladen will. Sie wäre schlechte Zeit, wenn wir so missgestimmt blieben wie Saulus. Sie wird gute Zeit, wenn wir uns neu stimmen lassen, so wie Paulus.

25.2.2018

Reminiscere - Klugheit

Alle Menschen sind klug! Die einen vorher, die anderen nachher!

Mit diesem Satz habe ich mich schon oft selbst auf den Arm genommen, wenn mal wieder etwas gründlich schiefgelaufen ist. Das nächste Mal soll mir das aber nicht mehr passieren! Nun ja, manchmal muss einer eben doch mehrfach auf die heiße Herdplatte fassen…

Natürlich sind wir alle gespannt, wie wohl das Mitgliedervotum der SPD ausgehen wird: Wird die Große Koalition kommen oder nicht? Voraussichtlich am 4. März werden wir es wissen.

Ganz unabhängig davon sind wir derzeit mitten in der Passionszeit, dem zweiten Teil der göttlichen Geschichte, die uns durch das Kirchenjahr begleitet. Der erste Teil ist ja die Weihnachtsgeschichte. Da sind die Hauptpersonen ein Kind, ein Handwerkerehepaar und ein paar Feld- und Nachtarbeiter. In der Passionsgeschichte kommen neben dem jetzt erwachsenen Jesus, seinen eher schwachen, ja teilweise sehr wankelmütigen Jüngern noch ein paar Mächtige vor, allerdings mit sehr zweifelhaftem Ruf. Die Religionsvertreter kommen ganz schlecht weg, ebenso die Politiker wie Pilatus oder Herodes, die im Grunde nichts anderes können als Gewalt. Man sieht, es geht in beiden Geschichten um ganz normale Menschen, so wie wir.

Die Gottesgeschichte von der Geburt Jesu bis zu Passion und Ostern ist aber auch eine Signalgeschichte und zwar besonders für alle, die Verantwortung für die Menschen tragen.

Die reklamieren deshalb ja gerne das Starke, das Privilegierte, das Kluge, Gerechte, Siegreiche und Mächtige in erster Linie für sich. Womöglich verstehen sie diesen Anspruch sogar als Ausdruck einer besonderen göttlichen Nähe und Sendung. Sie sollten jedoch ihr politisches Handeln nicht zuletzt an den Werten messen, die von dieser Gottesgeschichte transportiert werden.

Jesus ist für politisch Handelnde kein schlechtes Vorbild, auch wenn Kanzler Helmut Schmidt einmal meinte, man könne mit der Bergpredigt keine Politik machen. Jesus geht es (auch) um den Schutz und die Förderung des Schwächeren, des Unterprivilegierten, des Zurückgebliebenen. Nach Gottes Willen gehören gerade die Kinder, die Altgewordenen, die Schwachen, die Kranken, die Gebrochenen hinein in seine große Liebesgeschichte mit dieser Welt. Niemand muss sich seine Daseinsberechtigung und das Recht auf angemessene Beachtung erst verdienen, etwa durch Intelligenz, Leistungsstärke, strotzende Gesundheit oder Steuerkraft.

Mit der Christusgeschichte wird Gottes tatsächliche Sicht auf den Menschen offengelegt. Für mich ist sie eine klare Absage an das im Grunde teuflische Menschenbild unserer Zeit, das den Menschen ausschließlich an seiner Nützlichkeit für die Wirtschaft und das Steueraufkommen misst und gelten lässt. Die anderen, zumal die Schutzbedürftigen, sind in diesem System überflüssig, ja lästig. Aber es gibt sie, - als solche, die vor dem Krieg davonlaufen, die alt und gebrechlich sind, die immer häufiger mit erbärmlichen Renten leben müssen, oder jung und trotzdem schon todkrank sind - und eben leider nicht Privatpatient, oder die völlig aufgerieben werden zwischen Beruf, Familienarbeit und Suche nach bezahlbarer Wohnung.

Manches von dem, was im Koalitionsvertrag steht, scheint manchen Missstand im Blick zu haben, scheint Abhilfe zu schaffen. Betonung auf „scheint".

Ach, möchten doch all die schönen und mühsam aus-ge-handelten Versprechungen zutreffen und eintreffen! Nicht, dass wir uns hinterher, je nachdem ob mit oder ohne GroKo, womöglich sagen müssen: „Alle Menschen sind klug! …"

„Im Märzen der Bauer die Rösslein einspannt. Er setzt seine Felder und Wiesen in Stand. Er pflüget den Boden, er egget und sät und rührt seine Hände früh morgens und spät."

Ich habe keine Ahnung, ob die Grundschulkinder dieses Lied überhaupt noch lernen, denn die landwirtschaftliche Realität sieht heute ja doch etwas anders aus. Allerdings bleibt mir die Begegnung mit einem Bauern, der tatsächlich noch ein Pferd vor seinen Pflug gespannt hatte, unvergesslich. Das ist erst ein paar Jahre her, als wir mitten im Lenorenwald an der Ostseeküste ein märchenhaft schönes, reetgedecktes Bauernhaus entdeckten. Ein bunter Garten außen herum, in dem fröhliche, sonnengebräunte Kinder mit Hühnern und jungen Gänsen herumtobten. Aus dem Steinbackofen stieg Rauch und der freundliche Bauer verkaufte uns, nachdem er das Pferd ausgespannt hatte, ein paar Gläser frischgeschleuderten Honig. Die Zeit war in dieser Idylle stehen geblieben und Glyphosat ein unbekannter Begriff.

Zugegeben, mit dieser Art Landwirtschaft könnte man ein Volk von über 80 Millionen kaum sattbekommen, aber müssen die bedrückenden Verhältnisse in der Lebensmittel- und Energieproduktion, in den Ställen und auf den Feldern denn so bleiben, wie sie, Gott sei's geklagt, heute sind?

Eine andere Version des Liedes geht so:

„Im Märzen der Bauer den Traktor anlässt und spritzet sein Ackerland emsig und fest. Kein Räuplein, kein Kräutlein dies Gift überlebt, dem Vöglein im Wald gar das Mäglein sich hebt."

Als der Kabarettist Klaus Peter Schreiner diesen Text 1979 veröffentlichte, bekam er natürlich gewaltig Prügel von den beleidigten Landwirten, weil er ja „einen ganzen Berufsstand verunglimpft" habe. Nun sind fast 40 Jahre ins Land gegangen, und was ist geschehen? Wir erleben jetzt die Folgen einer völlig überzogenen, nur vom Gewinninteresse der Agrochemie getriebenen, industriellen Landwirtschaft knüppeldick und hautnah. Es ist überhaupt keine Frage mehr, was die Ursachen für das Bienen- und Insektensterben sind, - aber sich mit der Agrochemielobby anlegen? Ein deutscher Landwirtschaftsminister z.B. tut dies eher nicht („So ist er, der Schmidt!").

Wenn unsere Enkelkinder noch bunte Schmetterlinge flattern sehen sollen, wenn künftig nicht Heerscharen von Saisonarbeitern als Bestäuber mit dem Pinselchen auf die Obstbäume steigen sollen, weil es keine Bienen mehr gibt, die diesen Job übernehmen (in China bereits Realität!), wenn wir auch in zehn Jahren noch leckeren Honig aus der Region kaufen wollen, dann müssen wir wohl Druck machen auf die, die uns das einbrocken, bzw. trotz besseren Wissens nicht verhindern.

Halten wir es doch mit dem Wochenspruch des heutigen Sonntags: „*Wer seine Hand an den Pflug legt und sieht zurück, der ist nicht geschickt für das Reich Gottes.*" (Lukas 9,62). Das Reich Gottes? Die Welt, die uns umgibt, unsere Heimat, gehört dazu.

Vorausschauen, das Ziel fest im Auge haben, die Folgen absehen, wenn die Furchen krumm laufen - das sollte man eigentlich von denen erwarten, die die Hände an den Schalthebeln haben. Aber: Sind wir das zum nicht geringen Teil nicht selbst? Bei der Entscheidung nämlich, was und wie wir einkaufen und essen.

Müssen wir denn nocheinmal 40 Jahre warten, bis sich endlich etwas in die richtige Richtung ändert, die Furchen nicht mehr krumm laufen?

Ich jedenfalls wünsche meinen Kindern und Enkeln eine Heimat, die auch in 50 Jahren noch lebendig ist, in der es summt und brummt und zwitschert.

Fragen wir also mal die „Heimat"- und Landwirtschafts-minister und die Herrschaften vom Bauernverband in welche Richtung sie künftig „pflügen" werden.

Lätare - Theodizee?

Zwei schwierige Begriffe haben wir heute als Überschrift. Der erste ist der Name des heutigen Sonntags **Lätare**, „Freue dich!" heißt er - und das mitten in der Passionszeit. Freude in der „Leidenszeit"? Und der zweite Begriff, **Theodizee**, der bezeichnet die alte, verzwickte Frage nach der Gerechtigkeit Gottes: „Wie kann der allmächtige Gott all das Leid zulassen, wenn er doch angeblich der liebende Gott ist?"

Wie kann dieser Gott den Bombenhagel auf Kinder und Frauen in Ost-Ghouta zulassen, die Massaker der Amokläufe an den Schulen und all die grauenhaften Selbstmordanschläge von verrückten Islamisten? Wenn es einen Gott gibt, warum dann die Gaskammern von Auschwitz, der Völkermord an den Armeniern, die Vertreibung der Rohingja oder das Flüchtlingssterben auf dem Mittelmeer? Wie kann Gott zuschauen, wenn eine 16-jährige eine 15-jährige ersticht, wenn eine 23-jährige an Eierstockkrebs stirbt oder ein Krankenpfleger mehr als 100 Patienten umbringt? Dazu gibt es so viel verstecktes Leid, dass in unserer so perfekt gestylten Welt kaum zu sehen ist und doch so vielen Menschen Tag für Tag das Leben unerträglich macht: Zynisches Mobbing am Arbeitsplatz, brutale häusliche Gewalt, Prügel, Vergewaltigung und schwere körperliche Verletzungen, aber auch ganz subtile seelische Gewalt: ständige Herabsetzungen und Beleidigungen, aggressives Schweigen über Tage und Wochen. Ach, die Liste ließe sich lange fortsetzen. Und Gott schweigt…

Es gab schon immer Versuche, das Theodizeeproblem aufzulösen, der wohl bekannteste ist das Buch Hiob in der Bibel, aber am Ende bleiben zumeist Resignation und die

Hinnahme der Tatsache, dass alles Leben endlich ist. Der Buddhismus bringt es auf die Formel: Leben ist Leiden.

Das Christentum kennt den Ort der absoluten Ohnmacht, Sinnlosigkeit und Gottesferne und es hat ein Symbol dafür. Es ist das Kreuz, wo der, der dort hängt, nur noch sagen kann: Mein Gott, mein Gott, warum hast du mich verlassen? Wenn es beim Kreuz geblieben wäre, dann hätten all die Mörder und Schlächter der Geschichte gesiegt, dann bekämen all die unerträglichen Geschichten von Qual, Leid, Folter und erbärmlichem Verrecken ihre zynische Legitimation: Gott hat sich für die Gewalt und die Unmenschlichkeit entschieden, er ist auf der Seite der Stärkeren.

Christlicher Glaube sagt dazu nein. Er verkündet: Es ist Gott selbst, der da am Kreuz hängt. Gott ist auf der Seite der Allerschwächsten. Deshalb ist es auch nicht beim Kreuz geblieben. Nicht der Karfreitag ist das Ende, sondern der Ostermorgen, der Sieg über Kreuz und Tod.

Und genau deshalb heißt der heutige Sonntag Laetare, „Freue dich!" - Mitten in der Passionszeit ist Ostern schon in Sichtweite! Und genau deshalb bin ich mit Freuden Christ. Sollen die anderen doch an den Tod glauben, ich glaube an das Leben! Leben ist fraglos mit Leiden verbunden, aber unsere Aufgabe ist es doch, alles dafür zu tun, das Leben voranzubringen und dem Tod zu wehren!

Das Leben voranbringen? Wie das am besten geht? Jetzt wird es richtig politisch, es sei denn ich fange damit in meiner unmittelbaren Umgebung an. Ich könnte ja mal schauen, wo ich ganz persönlich Leid mindern kann, wem ich heute der Nächste bin, was meine Liebe ausrichten kann. Das wäre der Vorschlag und das Vorbild dieses Jesus von Nazareth.

So jedenfalls tickt christlicher Glaube: Theodizee? Nein, das Leben behält den Sieg! Deshalb: Laetare!

18.3.2018

Judika - Gerechtigkeit

„Judika" – der Name des heutigen Sonntags passt wohl wie kein anderer Begriff zum Start der neuen Bundesregierung. Es geht heute nämlich um Recht und Gerechtigkeit und „Judika" ist der Beginn des 43. Psalms, auf Deutsch: Schaffe mir Recht, Gott.

Jens Spahn, der neue Gesundheitsminister meinte neulich wie seinerzeit Otto von Bismarck und Helmut Schmidt, dass man mit der Bergpredigt (Matthäus 5-7 und Lukas 6, 17-49) kein Land regieren könne. Ich weiß nicht, wann Herr Spahn als Christ(!)demokrat die Bergpredigt zum letzten Mal gelesen hat, ihm geht es vor allem um die „Barmherzigkeit", die der Staat nicht haben könne. Ein Staat müsse gerecht sein. Mir erschließt sich jedoch nicht, warum sich Barmherzigkeit und Gerechtigkeit gegenseitig ausschließen sollen. Barmherzigkeit ist gewissermaßen der durchlaufende Inhalt und zugleich der Schlüssel der Bergpredigt: *„Seid barmherzig, wie euer Vater im Himmel barmherzig ist."* (Lukas 6,36), zugespitzt bei Matthäus 7,12: *„Alles nun, was ihr wollt, dass euch die Leute tun sollen, das tut ihr ihnen auch!"* Die sogenannte Goldene Regel.

Gibt es Grenzen für die Barmherzigkeit? Die Frage wurde eben heftig diskutiert bei der Schließung der Tafel in Essen für Asylbewerber. Für mich wird sie beantwortet mit der Geschichte Jesu vom barmherzigen Samariter. Ein von Räubern ausgeplünderter Mensch, von Priester und Levit geflissentlich übersehen, wird ausgerechnet von einem Mann aus dem verfeindeten Samarien mit ziemlichem Aufwand gerettet.

Zwei Dinge stellt Jesus mit der Geschichte klar: Barmherzig handelt jemand, der sich von der Not eines anderen berühren lässt, und es gibt dabei keine Unterschiede zwischen „uns" und „denen". Barmherzigkeit gilt allen, die sie brauchen. Das anscheinend unausrottbare Freund-Feind-Denken wird dabei überwunden.

Die Bergpredigt ist ein durch und durch politischer Text, denn Barmherzigkeit nimmt Anstoß an den Verhältnissen, die dazu führen, dass Menschen am Wegesrand liegen bleiben – und verändert sie! Deshalb ist jede Tafel in Deutschland letztlich nichts anderes als ein Aufruf an die Politik: Verändert bitte schön so schnell wie möglich dieses Unding, dass in unserem reichen Land sogar Kinder hungrig bleiben müssten, wenn es nicht barmherzige Menschen gäbe, die sich ihrer annehmen. Was für eine Frechheit, wenn sich Politik dann auch noch zum Belehrer und Richter über die überforderten Ehrenamtlichen der Tafeln aufspielt, statt hier ihr eigenes, eklatantes Staatsversagen zuzugeben.

Wenn es Herrn Spahn um die „Gerechtigkeit" geht, dann wüsste ich noch eine Reihe Themen mehr, bei denen er sich jetzt mit aller Kraft reinhängen kann. Etwa die Frage, ob unser bisheriges, durch seine unterschiedlichen Krankenkassensysteme geprägtes Gesundheitssystem wirklich „gerecht" ist. Da wünsche ich mir in der Tat keine „Barmherzigkeit", sondern eben dieses, sein Favoritenwort „Gerechtigkeit". Also lassen Sie Gerechtigkeit walten, Herr Gesundheitsminister! Oder sollte das auch wieder nur so ein „Sonntagsredenwort" gewesen sein?

Schauen wir mal, wie sie einsteigen wird, die neue Regierung und hoffen wir, dass wenigstens die anderen jetzt Regierenden die Bergpredigt bei all ihrem Tun und Handeln im Hinterkopf und im Herzen haben. Ist es nicht schön, dass wir gerade heute mit dem 43. Psalm beten können: „**Schaffe mir Recht, Gott!**"?

25.3.2018

Palmsonntag - Heilsbringer

„Ein Mann will nach oben" hieß 1978 eine Fernsehver-filmung des gleichnamigen Buches von Hans Fallada. Im Grunde möchten wir alle „nach oben". Jeder möchte fit, gesund, reich, mit Macht und Einfluss ausgestattet sein; vielleicht sogar, um in dieser gnadenlosen Welt Gutes zu tun. Aber ist es nicht so, dass viele Menschen beim Versuch sich „hochzustrampeln" ihren Seelen heftigen Schaden zufügen? Um hochzukommen wird geheuchelt und gelogen, werden rücksichtslos und hart nicht nur die Ellenbogen eingesetzt. Aber wenn man ganz hoch hinaufwill, dann muss man auch noch als „Heilsbringer" auftreten, dann kann man sich nämlich der jubelnden Massen sicher sein.

Die gegenwärtige Beschreibung unserer Welt zeigt, was für Seelenkrüppel ihre mächtigen „Heilsbringer" sind. Wladimir Putin, einer der sich hochgestrampelt hat, lässt gnadenlos seinen Lakaien Assad auf das syrische Volk los und stört sich nicht daran, wenn der hunderttausende Menschen umbringt. Putin kann sich als harter Hund zeigen und der Welt die Großmacht Russland vorführen. „Make Russia great again!" Sein Volk liebt und wählt ihn dafür. Das gleiche Spiel treibt Sultan Erdogan, ebenfalls aus kleinen Verhältnissen stammend. Er marschiert in kurdisches Kerngebiet in Syrien ein, wohin sich Jessiden und Christen vor dem Bürgerkrieg gerettet hatten und inszeniert den nächsten Völkermord, diesmal an den Kurden. Und sogar die (gerade noch geduldete) Opposition applaudiert ihm dafür.

Diese Liste kann man beliebig verlängern (z. Xi Jinping und immer wieder gerne Donald Trump, etc.). Es gab und gibt jede Menge von sich selbst erhöhenden Despoten, die sich als Heilsbringer geben und das glücksbesoffene Volk jubelt. Wir hatten das in Deutschland auch schon.

Der Wochenspruch für den heutigen Palmsonntag berichtet vom Aufstieg eines echten Heilsbringers, auch er vom unteren Rand der Gesellschaft, dem damals am Palmsonntag ebenfalls begeistert zugejubelt wurde:

„Der Menschensohn muss erhöht werden, damit alle, die an ihn glauben, das ewige Leben haben." (Johannes 3, 14b,15)

Der Weg dieses Jesus von Nazareth führt tatsächlich unüberbietbar nach „oben": Zu Gott, zum Vater.

Aber wenn Jesus von „oben" spricht, von „Erhöhung", dann meint er nicht nur „Himmelfahrt", „Beförderung in höchste Höhen", dann meint er zunächst und vor allem sein Hängen „oben" am Kreuz. Der Jubel vom Sonntag war schnell vorbei. Er wurde verraten, damit er seine Macht demonstrieren sollte, aber er wählte nicht Macht und Ehre, sondern das Kreuz. So „erhöht" zu werden ist ja in Wirklichkeit die tiefste Erniedrigung. Er landet „oben" am Kreuz und damit ganz unten. Tiefer geht es nicht.

Weil Jesus so tief fällt, hat ihm Gott den Platz neben sich gegeben, über allem anderen, über allem Geschaffenen. Er wird klein, um groß zu werden. Er wird Mensch, um Gott zu sein.

Er stirbt um Kreuz, um in Herrlichkeit aufzuerstehen. Er ist tot, und siehe, wir leben! Seine Erniedrigung wird so zur Erhöhung für die, die ihm folgen: vom Tod, dem wir alle, auch die „Großen", ausnahmslos und rettungslos verfallen sind, zum Leben, zum ewigen Leben!

Ich freue mich auf den Osterjubel für den echten Heilsbringer.

Ostern 2018 - Lebenszeugen

Ob die Kirchen heute gut besucht sein werden? Wir feiern immerhin das Fest der Auferstehung, das Urdatum des christlichen Glaubens. Mit dem Glauben, dass der Tod überwunden ist, beginnt die Geschichte des Christentums. Erleben wir in unserer Zeit seinen Abgesang, weil die Kirchen anscheinend immer leerer werden?

Ostern ist nicht zu haben ohne den Karfreitag. Der Tod in seiner Realität, die keine Hoffnung lässt, muss erst einmal wahrgenommen sein, erfahren sein. Was das heißt, das weiß besonders der, der schon einmal in die Nähe des Todes geraten ist, der einen Menschen verloren hat, der die Trauer kennt, der erfahren hat, wie das ist, wenn eins stirbt, wie hilflos man danebensteht und nur noch denken kann, hoffentlich ist es bald vorbei. Und danach? Danach ist wirklich alles vorbei, jegliche Kommunikation, jedes Gespräch, keine Umarmung mehr, keine Bitte, kein Dank - nur blanke Hoffnungslosigkeit. Wie haben sich die Frauen gefühlt, die sich zum Grab aufgemacht hatten, zum letzten Liebesdienst an diesem hingerichteten Jesus, wie die Jünger, die voller Entsetzen und Panik nach dem ganzen Desaster auf Golgatha davon gerannt sind nach Emmaus?

Kennen Sie Emma Gonzalez? Das ist die junge Frau mit den raspelkurzen Haaren, die als Überlebende des Schulmassakers in Parkland, USA zum Gesicht des Widerstands gegen die amerikanische Waffenlobby wurde. Sie hatte bei der unglaublich beeindruckenden und bewegenden Massenkundgebung March for our lives am Samstag vor einer Woche in Washington mit hunderttausenden von Teilnehmern das herzzerreißende Schlusswort. Emma hat nicht viel gesagt. Sie zählte ihre toten Schulkameraden auf und deutete nur an, was diese nun nie wieder tun und sagen könnten. Dann stand sie schweigend am Mikrofon und die Tränen liefen ihr über das Gesicht, bis die quälenden sechs Minuten und zwanzig Sekunden, die das Massaker gedauert hatte, um waren.

Emma hat mit ihrer Rede möglicherweise den entscheidenden Impuls gesetzt, die Massenmorde und Schießereien in den USA durch eine neue Waffengesetzgebung einzudämmen. Menschen wie Emma, ob sie Christen sind oder nicht, verkündigen, ob sie es so glauben und aussprechen oder nicht, nichts anderes als den Gott, der das Leben will, den Gott, der Christus nicht bei den Toten lässt. Sie sind, vielleicht gerade, weil sie in Todesnähe waren, Lebenszeugen.

Den Frauen am Grab und den Emmausjüngern begegnet mitten in der Hoffnungslosigkeit und Trauer der lebendige, auferstandene Christus. Ihnen begegnet der, der immer das Leben propagiert hat: **Ich lebe, und ihr sollt auch leben!** (Johannes 14,19). Ihnen, und damit uns, begegnet auf dem Marsch durch und für das Leben der, der die Liebe nicht sterben lässt und der dem Leben wieder Hoffnung schenkt: Der dunkle Tod ist nicht länger ewige, unüberwindbare Grenze, sondern Tür und Übergang zu etwas ganz Anderem, Neuem, zum Leben im Licht Gottes. Mit Lebenszeugen wie Emma blitzt dieses Osterlicht der Hoffnung auch in unserer todesstarren Welt immer wieder auf. Gott sei Dank!

Der Tod hat verspielt. Das ist die Botschaft in den Kirchen heute. Die bange Frage ist: Was muss erst noch geschehen, damit die, die den Karfreitag und den Tod so leichtfertig verdrängen, die Osterbotschaft wieder hören wollen, und damit zu Lebenszeugen werden?

Aber verstummen wird die Botschaft nie!

Frieden

Wo bleibt eigentlich der öffentliche Aufschrei?

Im Koalitionsvertrag der neuen Bundesregierung steht als „Forderung", dass an der Rüstungskontrolle als Ziel uneingeschränkt festgehalten wird. Aber noch ganz schnell, bevor der Vertrag endgültig ausgehandelt ist, bekommt die Türkei Waffen aus Deutschland geliefert, mit denen sie einen rechtswidrigen Angriffskrieg auf die syrischen Kurden führt.

Der Export deutscher Waffen nach Nordafrika und in den Nahen Osten hat sich in den letzten zehn Jahren fast verdoppelt. Deutsche Patrouillenboote helfen jetzt bei der Blockade des Jemens, deutsche Bomben fallen aus saudi-arabischen Flugzeugen der jemenitischen Bevölkerung auf den Kopf. Kein Land exportiert mehr „Kleinwaffen" als unseres.

Haben wir uns inzwischen achselzuckend an all diese Schweinereien gewöhnt? Lässt es uns kalt und unbeteiligt, wenn die Bundesregierung der Waffenlobby zuliebe immer wieder sehr gefällig geltende Waffenexportgesetze ignoriert und unterläuft, und das in unser aller Namen? Darf, soll man dazu wirklich nichts sagen?

Im Johannesevangelium kann man nachlesen, was der auferstandene Christus zu seinen Jüngern sagt, zu diesem erbärmlichen Häufchen von völlig verstörten und verängstigten Männern und Frauen. Sie hatten bei der Kreuzigung zwei Tage zuvor ja gesehen, wozu eine wohl organisierte und robuste, militärische Macht imstande ist. Sein erstes Wort, sein Ostergruß, wenn man so will, ist „Friede sei mit euch!", und dann noch einmal:

„Friede sei mit euch! Wie mich der Vater gesandt hat, so sende ich euch." (Johannes 20, 21, Monatsspruch für April 2018).

Shalom, Friede ist sein Gruß und sein Wunsch für die Seinen, aber auch sein Auftrag: Wie mich mein Vater gesandt hat, so sende ich euch! Für Christen hat die Friedensbotschaft deshalb allererste Priorität. Friede ist das, was sie in die Welt hinaustragen sollen und nicht Hass, Gewalt und Tod. Nicht zuletzt deshalb fanden und finden immer noch die Ostermärsche gegen Rüstung und Waffenwahn genau an Ostern statt.

Das Christentum ist in erster Linie eine „Friedensreligion". Das Kreuz steht für die Versöhnung, für den Frieden, den Gott mit den Menschen macht. Ostern steht für den Frieden, der sich deshalb unter den Menschen ausbreiten soll: Das Leben soll siegen, nicht der Tod! Wenn sich unsere Politikerinnen und Politiker, gerade die konservativen von den sogenannten christlichen Parteien immer wieder auf die „christlich-abendländische Prägung" unseres Volkes berufen, dann sollte ihnen das endlich mal jemand erklären, bevor sie sich das nächste Mal von der Waffenlobby „überreden" lassen. Und sie sollten sich auch einmal die Frage stellen, was denn nur ihr angeblich so christliches Gewissen prägt.

Nun ist Frieden nicht nur eine Frage der Politik, sondern er ist die Forderung schlechthin für unseren Alltag: Frieden in der Familie, Frieden in der Schule, Frieden am Arbeitsplatz, Frieden in der Gesellschaft, Frieden zwischen den Konfessionen und Religionen, Frieden in allen Beziehungen, – sogar unter Eheleuten! Manchmal nicht leicht zu erreichen, das weiß jede Mutter, jeder Vater, jeder Lehrer, jeder Chef, – aber letztendlich ist der Frieden doch alternativlos, oder?

Zugegeben, Frieden ist nicht alles, aber jeder Flüchtling wird es uns direkt ins Gesicht sagen: Ohne Frieden ist alles nichts! Manchmal habe ich derzeit jedoch den Eindruck, dass 73 Jahre Frieden in unserem Land etliche verrückte Verschwörungstheoretiker und Vergessliche „friedensmüde" gemacht haben.

Unfrieden, Hass und Hetze breiten sich unter uns aus, das fängt schon bei der Sprache an. Ich habe deswegen ein ganz unangenehmes Gefühl im Bauch…

Miserikordias Domini - Hirtensonntag

Gute Freunde sind zu Besuch gekommen, sie waren noch nie in Bayreuth. „Wir wollen uns nach der langen Autofahrt erstmal die Füße vertreten." Ich schicke sie in die Eremitage, ein schöner Weg durch die Wilhelminenaue am Roten Main entlang erwartet sie.

Die Wegbeschreibung ist ganz einfach. Man muss nur die „Hirtenapp" auf dem Smartphone benutzen. Ich zeige sie ihnen: Einfach ein bisschen länger auf den Homebutton drücken und nett mit dem Handy reden: „Die Wegbeschreibung zu Fuß zur Eremitage Bayreuth, bitte." Das Gerät will es genau wissen, präsentiert eine Auswahl, man tippt auf das gewünschte Ziel und schon erscheint eine kleine Karte mit der markierten Route: 4.1 km, 54 Minuten. Auf den „Los"-button tippen und ab geht's. „Ruft an, wenn ihr da seid. Wir holen euch dann ab!"

Wie einfach heutzutage Orientierung geworden ist! Ein elektronischer Hirte zeigt den Weg, erklärt unterwegs genau, ob es links rum geht oder rechts. Er zeigt auch die Wirtshäuser am Wegrand, die Geschäfte und Sehenswürdigkeiten, und wenn man sich verläuft, dann lotst er einen auch zurück. Jeder, der mit dem Navi unterwegs ist, kennt allerdings auch den nervigen Befehl: „Nächste Gelegenheit bitte wenden!"

Ja, wenn es sowas auch für den Lebensweg gäbe, auf dem man unterwegs ist, man verrennt sich ja so leicht! Aber, Leute, das gibt es doch schon ewig lange!

Die jungen Menschen, die an diesen Sonntagen um Ostern herum konfirmiert werden, haben so ein „Lebensnavi" gerade mitbekommen und sogar ihre Eltern erinnern sich wieder: „Stimmt, den haben wir damals auch gelernt, den 23. Psalm: *Der Herr ist mein Hirte, mir wird nichts mangeln.*"

Das Betriebssystem, mit dem dieses Navi funktioniert, ist Gottvertrauen. Sich auf Gott, auf Jesus Christus verlassen heißt: Ich rechne damit, dass ich nicht alleine unterwegs bin. Das heißt, ich habe einen an der Seite, der mir bei den Lebensentscheidungen, welche Wege ich gehen soll, deutliche Orientierungshilfen gibt: z.B. es mit Geduld und Gewaltlosigkeit probieren und nicht als Haudrauf durch die Welt spazieren; auf mich und die Menschen um mich herum liebevoll achten und nicht mit den Ellenbogen durchdrängeln; mit Beharrlichkeit und Fleiß mein Leben voranbringen und nicht dem lieben Gott die Zeit stehlen; mit entspannter Gelassenheit die Chancen ergreifen, die ich geboten bekomme und nicht mit egoistischer Verbissenheit meine Rechte einfordern.

„Ich bin der gute Hirte!" sagt Jesus über sich (Johannes 10,11, Wochenspruch für den heutigen Sonntag),

„und ich werde dir zeigen, wo es „frisches Wasser" und „grüne Auen" gibt. Und auch wenn du durch „finstere Täler" musst, brauchst du das Unglück nicht zu fürchten, denn ich werde dich nicht im Stich lassen. Du kennst mich doch und ich kenne dich. Höre auf meine Stimme und folge mir einfach. Du wirst nicht im Nirgendwo landen, sondern mitten im Leben." Sogar im „ewigen Leben" heißt es im Wochenspruch. Wenn das keine sinnvolle Wegbeschreibung für ein Leben ist, was dann?

Wo der „Home-Button" zu finden ist, das haben die Konfis gerade gelernt. Ihre Eltern, Paten und Großeltern können sich's ja mal wieder von ihnen erklären lassen.

Bleiben

Haben Sie auch schon einmal erwogen aus der Kirche auszutreten? Vielleicht haben sie sich über den Pfarrer geärgert oder über den lieben Gott. Vielleicht ist Ihnen die Kirche zu altmodisch oder zu neumodisch, vielleicht viel zu politisch, bzw. viel zu unpolitisch?

Vom **Bleiben** ist im Sonntagsevangelium (Johannes 15, 1-8) heute die Rede. Jesus redet davon im Bild vom Weinstock und seinen Reben, von der lebendigen Verbindung zwischen dem Weinstock und seinen Zweigen, den Reben. Jesu Zuhörer verstanden das sofort und auch wir verstehen das Bild auf Anhieb: wie der Kraftstrom in die Reben und von dort in die Trauben fließt. Jede einzelne Weinbeere, die ich genüsslich zwischen den Zähnen zerdrücke und den süßen Saft über die Zunge fließen lasse, ist ein Beweis dafür, was so eine Rebe an Frucht bringen kann, vorausgesetzt: Sie bleibt am Weinstock. Bleiben! Dranbleiben!

Leider verbinden heute viele Menschen mit diesem Wort auch den Beigeschmack von Abhängigkeit, Unfreiheit, Unselbständigkeit. Warum soll ich in einer Ehe bleiben, wenn doch das Miteinander-Leben, das Einander-Verstehen manchmal so mühsam ist? Warum soll ich in meiner Familie bleiben und trotz der Konflikte mit den anderen im Gespräch bleiben, wenn doch der Bruch viel einfacher wäre? Warum soll ich in der Kirche bleiben, wenn mir doch so viel an ihr überhaupt nicht zusagt? Bleiben, Dranbleiben, das ist oft nicht einfach. Davonlaufen ist oft viel einfacher. Manchmal ist ja das Weggehen tatsächlich die Lösung. Das Leben ist jedenfalls sehr vielschichtig.

Jesus beschreibt jedoch die Chancen des Bleibens. Er erzählt von seinem Vater, dem Weingärtner. Er vergleicht sich selbst mit einem Weinstock und seine Jünger und Jüngerinnen mit Reben, die Frucht bringen. Erntefreude und Weinfeste, Lebensfreude und Lebenskraft schwingen in seinem Bild mit.

Wenn das so ist, dann ist das Leben im Glauben keine trockene und einengende, keine traurige und verstaubte Sache. Da grünt und reift etwas unter den behutsamen Händen Gottes. Da fließen unaufhörlich neue Lebensmöglichkeiten in einem lebendigen Organismus.

Wer selber schon mal Wein gezogen hat, der weiß, dass die Reben am Weinstock sich ineinander verschlingen. Sie stützen sich gegenseitig, damit die Last der prallen Trauben für die einzelne Rebe nicht zu schwer wird. Wenn es genügend starke Reben gibt, dann sind die schwächeren von ihnen gestützt und gehalten und es gibt reichen Ertrag.

Dieses Bild ist so eines dieser Beispiele für die christlich-jüdische Prägung unserer Gesellschaft, von der so oft die Rede ist. So sollte sie jedenfalls sein: Eine Gesellschaft, in der alle miteinander verbunden sind, in der man sich solidarisch gegenseitig stützt, in einer gerechteren, lebendigeren, lebenswerteren Welt, in der die Früchte allen zugutekommen und nicht nur „den großen Tieren". Aus der Verbindung zu Christus jedenfalls wachsen gute Früchte. Nur muss die Verbindung zum Weinstock auch stimmen, denn wo sie abgerissen ist, da verdorrt das Leben.

Schneidet man sich von Gott ab, wenn man sich von der Kirche trennt? Ich glaube, die Kommunikation mit ihm wird jedenfalls nicht leichter. Und ob das Leben mehr Frucht trägt? Da habe ich Zweifel.

Echo zum Rap

„Hass und Hetze breiten sich unter uns aus. Das fängt schon bei der Sprache an. Ich habe deswegen ein ganz unangenehmes Gefühl im Bauch." Dies schrieb ich in den SonntagsGedanken zum 8. April dieses Jahres.

Am 12. April sind bei 27. Echo-Preisverleihung der Deutschen Phonoakademie die Rapper Kollegah (Felix Blume) und Farid Bang (Farid El Abdellaoui) für ihr Album „Jung, Brutal, Gutaussehend 3" ausgezeichnet worden. Es enthält Textzeilen wie „Mein Körper definierter als von Auschwitzinsassen" und „Mache wieder mal 'nen Holocaust, komm' an mit dem Molotow". Die Auszeichnung stieß zum Glück auf breite Kritik. In der Folge gaben mehrere mit dem Preis ausgezeichnete Künstler ihren Echo aus Protest gegen diese Entscheidung zurück.

Ich muss zugeben, dass mich der ganze Bohei um solcherart Preisverleihungen, heißen sie nun Echo, Bambi oder sonst wie noch nie die Bohne interessiert hat. Das ist nicht meine Welt. Genauso wenig wie die Welt des Rap. Rap, das habe ich bislang als rhythmisch verpackten Schwachsinn abgetan. Ich habe das überhaupt nicht an mich herangelassen, wie wohl die meisten Leute, die ich so kenne und deshalb nicht gesehen, was für Inhalte mit dieser Art „Musik" verpackt und transportiert werden. Wir leben in unserer gutbürgerlichen Blase und sind dann recht überrascht von gesellschaftlichen Auswüchsen dieser Art, weil wir uns von der knallharten Wirklichkeit einer bei uns ungeahnt weit verbreiteten Rap-„Kultur" völlig distanziert haben. Was bewegt die Menschen, die dort zuhause sind, tatsächlich? Wann haben etwa ein Gymnasiallehrer, eine Einkaufsleiterin, ein Rechtsanwalt zuletzt mal RTL 2 eingeschaltet oder sich ein Youtube-Video oder gar den „Text" von einem der beliebten Rapstücke, die auf Millionen Smartphones von Jugendlichen gespeichert sind, genauer angehört? Weiß ein Stadtrat wirklich, welcher Ton auf dem Pausenhof einer großen Mittelschule herrscht? Da ist ein ganz großer Bevölkerungsanteil, so mein Eindruck, von der feinen Gesellschaft und Politik einfach abgeschrieben worden und verroht in einem unglaublichen Ausmaß. „Tabubrüche" würden da einfach dazugehören, suggeriert die davon profitierende Industrie, die aus Dreck ein Geschäftsmodell gemacht hat und dann die erfolgreichsten Produzenten der ekelhaftesten Auswüchse auch noch auszeichnet. Ist denn ausgerechnet beim Thema Holocaust ein Tabu zu brechen? Hallo! Geht's noch? Wo leben wir eigentlich?

Jetzt wiederhole ich mich gleich nochmal und fordere einmal mehr dazu auf, sich Gedanken über das schöne, aber leider vergessene Wort „Anstand" zu machen. Zu wissen, was sich gehört, was geht und was nicht geht, der gesellschaftliche Grundkonsens für ein vernünftiges und sicheres Zusammenleben, das ist nicht erst seit dem 12. April in Gefahr. Es ist Aufgabe von uns allen darauf zu achten, dass Recht und Gesetz und Anstand als Grundwerte nicht einfach verdunsten und verlorengehen.

Ein anständiger Mensch klaut nicht, ist nicht gewalttätig, beleidigt niemanden und hat vor allem Respekt vor der Freiheit des anderen und vor dem Recht auf Würde eines jeden. Das muss allen klar sein, nicht nur, aber auch der Rap-Szene. Die „Schule der Nation", das sind wir alle mit unserem eigenen Verhalten und Vorbild. Wenn wir „Tabubrüche" dieser Art dulden und etwa dem Antisemitismus (wieder einmal) freie Bahn lassen und ihn dann sogar noch prämieren, dann gnade uns Gott.

Siegeskreuz?

Wer ein Kreuz aufhängt oder aufstellt, sich zum Schmuckstück, Abzeichen oder Logo macht, sollte wissen, was er tut. Zumal dann, wenn er als Politiker handelt.

Es war Markgräfin Maria, die vor 400 Jahren den hoch und breit aufragenden Altar in der Bayreuther Stadtkirche stiftete, die ihr Gemahl, Markgraf Christian (Ministerpräsident Markus Söder ist gewissermaßen sein Nachfolger) nach der Brandkatastrophe von 1605 eben wieder aus Spenden und Steuermitteln hatte aufrichten lassen. Auf der Spitze des Altars ließ sie ein fast lebensgroßes Kruzifix, also ein Kreuz mit dem Leib des Gekreuzigten aufrichten. Es steht auf einem Podest, das das „Wappen Christi" trägt, die Marterwerkzeuge und anderen Symbole aus der Passionsgeschichte. Auf der Ebene darunter befinden sich in der Mitte ein Bild mit dem thronenden Auferstandenen und links und rechts davon die Wappenschilde des Fürstenpaares. Die Anordnung macht deutlich, dass es der gekreuzigte Christus ist, der das Regiment letztlich führt, dass auch Fürsten und gekrönte Häupter ihm untergeordnet sind. Auch die Fürstenloge, die heute von der Chororgel verdeckt ist, ist tiefer positioniert als das Kreuz.

„Jesus Christus herrscht als König, alles wird ihm untertänig, alles legt ihm Gott zu Fuß." So wird man in dieser Woche am Himmelfahrtstag in der Stadtkirche wieder singen. Das war auch das Bekenntnis der damals Regierenden. Das Kreuz war ihnen also nicht nur Symbol für die unbegreifliche Liebe Gottes, der in seiner Menschwerdung konsequent ist bis zum Tod, sondern auch ein Machtsymbol, dem sich alle andere, also auch die weltliche Macht unterzuordnen hat. Die Macht des gekreuzigten Christus jedoch, das sind nicht die Heerscharen der Engel, nicht die losgelassenen Naturgewalten, nicht die Schicksalsschläge, mit denen böse Dämonen die Menschen drangsalieren, sondern das ist die überwältigende Liebe Gottes zu seinen Menschen, die sogar den Tod bezwingt. Aus dieser Liebe fließen die Wohltaten, die das Leben erfüllen und sinnvoll machen, wie Frieden und Gerechtigkeit, Freude an der Schöpfung, Vernunft und Augenmaß, Hoffnung und Lebensmut, Nächstenliebe und Opferbereitschaft, Gleichheit von Mann und Frau als Ebenbilder Gottes und noch viel mehr, was eben „christliche Werte" ausmacht.

Jemand, der ein Kreuz aufhängt, sollte sich bewusst sein, dass er genau diese Liebe propagiert, die sich auch und vor allem dem Anderen, dem Schwächeren, dem Kleinen, dem Ungeliebten und Verachteten zuwendet. Er sollte sich bewusst sein, dass er damit seine eigene Macht begrenzt und unterordnet unter die Macht der Liebe des Gekreuzigten.

War es wirklich dieses Bewusstsein, das den Ministerpräsidenten Markus Söder, zu seinem Kreuzaufhängungserlass in den Amtsstuben veranlasst hat? Ich vermute, er hat wohl eher an Konstantin den Großen gedacht. Der ist nämlich römischer Kaiser geworden durch den Sieg über seinen Rivalen Maxentius an der Milvischen Brücke, und zwar nachdem er am Vortag über der Sonne ein Kreuz aus Licht gesehen hatte mit den Worten: „In diesem Zeichen sollst du siegen!" Mit dem Kreuz auf der Standarte siegte er tatsächlich, und so wandte sich Konstantin dem Christengott zu und das Christentum wurde Staatsreligion. Und damit begann das Elend eines staatlich instrumentalisierten Christenglaubens, das bis heute andauert. Für mich ist der „Kreuzaufhängungserlass" die Instrumentalisierung unseres wichtigsten Glaubenssymbols zu Wahlkampfzwecken in genau dieser Tradition.

Der „Södertaler", den der Bayerische Beamtenbund für den bisherigen Finanzminister mit einem sehr „cäsarisch" wirkenden Markus Söder eben hat prägen lassen, passt jedenfalls zu dem ganzen Vorgang wie die Faust aufs Auge.

13.5.2018

Muttertag und die drei „S"

Heute möchte ich gerne die schon Älteren, die „Eltern" in besonderer Weise ansprechen. Schließlich ist ja heute Muttertag.

Vielleicht geht es Ihnen ähnlich wie mir: Je älter ich werde, desto öfter leiste ich in Gedanken Abbitte bei meinen schon vor langem verstorbenen Eltern, weil mir mal wieder aufgeht, dass ich in manchen Situationen wirklich keine Glanzleistungen abgeliefert habe. Wie sehr haben sie sich etwa immer auf unsere viel zu seltenen Besuche mit den Enkelkindern gefreut, haben alles liebevoll vorbereitet, eingekauft, Kuchen gebacken, aufgekocht, Getränke angeschleppt, Programm geplant, - und dann kamen wir schließlich, meistens mit viel Verspätung, haben unsere Kinder gerne bei Oma und Opa abgeladen, - und sind dann gleich weitergefahren zum Bruder, wo schon die Freunde warteten. Heute kratze ich mich am Kopf und wundere mich, dass die beiden sich kaum beschwert haben. Damals jedoch habe ich mir nichts dabei gedacht. Und das genau ist wohl der Punkt: Wir nehmen viel zu viel von unseren alten Herrschaften als völlig selbstverständlich entgegen. Haben sie uns womöglich zu sehr verwöhnt, sich zu häufig zu viel gefallen lassen?

Eine alte Dame seufzt: „Ach, Herr Pfarrer, kleine Kinder trampeln den Eltern auf die Füße, große Kinder jedoch aufs Herz." Wie wahr, denke ich… Aber dann auch sofort, nein, das stimmt so nicht! Wir freuen uns doch täglich über jedes Lebenszeichen von unseren schon seit langem erwachsenen Söhnen, ihren Frauen und Kindern! Und erwarten eigentlich gar nichts. Und das ist auch gut so, denn Kinder sind ihren Eltern nichts schuldig.

Wir haben sie nicht gefragt, als wir sie in die Welt setzten und Eltern zu sein heißt nun einmal, sich um sein Kind auch zu kümmern. Allein dafür, dass wir unserer Pflicht als Eltern nachkommen, müssen sie uns nichts zurückgeben oder dankbar sein. Die meisten Kinder empfinden dennoch Dankbarkeit, weil sie ihre Eltern letztlich als liebevoll erlebt haben. Aber das ist nicht Ausdruck einer Pflicht, sondern Ausdruck einer gelungenen Beziehung.

Mein Vater, - mein Respekt ihm gegenüber wächst immer noch -, hat mir einmal die drei großen „S" erklärt. Sie gelten gerade im Umgang mit großen Kindern: **Schauen, Schweigen, Schenken.**

Schau, wie sie zurechtkommen, wie sie ihr Leben in die Hand nehmen, aber sage erstmal nichts. Ratschläge sind Schläge. Belehrungen oder gar Drohungen reißen nur Gräben auf! - **Schweigen** mag schwerfallen, aber es führt weiter! Habe Geduld. Wenn die Beziehung stimmt, dann kommen sie ganz von selbst und holen sich Rat. - Und wenn Hilfe nottut, und zu allermeist geht's ums Geld, dann hilf, so gut du kannst. **Schenke** nicht im Übermaß, aber lass sie nicht hängen.

Das meiste Unglück in Familien entsteht dadurch, dass zu viel voneinander erwartet wird: z.B., Kinder sollten sich gefälligst um die Eltern kümmern, Eltern wiederum um die Enkel. Dabei wäre es viel besser, Familie als ein Gefüge zu sehen, in dem man sich in voller Freiheit einander zuwendet, weil man sich liebt und schätzt und weil man sich „hat", und weil Familie eben unersetzlich ist. Man darf darin auch „Nein" sagen! Liebe geht nämlich nur mit Freiheit, sonst ist sie Zwang und Pflicht. Vater und Mutter ehren, klar! Wen denn sonst? Und das täglich, nicht nur heute. Waren sie nicht die ersten, die mich geliebt haben?

Pfingsten 2018 - Die Entstörung der Kommunikation

Erinnern Sie sich an die Geschichte vom Turmbau zu Babel, der ersten Bauruine der Welt? Es ist die Geschichte eines „Strafwunders". Die Menschen, damals hatten sie noch eine gemeinsame Sprache, wurden übermütig und wollten sich „einen Namen machen". Und so begannen sie einen Turm zu bauen, dessen Spitze bis in den Himmel ragen sollte. Die Bibel berichtet jedoch, dass Gott ihre Sprache verwirrte, „dass keiner mehr den anderen verstehe!" Menschlicher Stolz und Arroganz führten zum Abbruch der Kommunikation – mit Folgen. Das gemeinsame Projekt, der Turmbau, bis heute Sinnbild menschlicher Überheblichkeit und Technologiegläubigkeit, wurde nie vollendet. Die Menschen zerstreuten sich über die ganze Erde.

Nun berichtet das Pfingstfest die Geschichte von der Aufhebung dieser „Strafe", ein „Heilungswunder", wenn man so will. Gottes Geist erfüllt die Jünger Jesu, sie predigen von seinen Taten, von seiner Auferstehung und jedermann versteht sie, auch die zum Fest in Jerusalem versammelten Auslandsjuden, in seiner eigenen Heimatsprache. Die Folge: Die Menschen finden wieder zusammen, lassen sich taufen, bilden eine Gemeinschaft, die es so noch nie gab. Es ist der Geburtstag der Kirche, einer grenzenlosen Gemeinschaft, die keine Kommunikationsbarrieren mehr kennt: Die Menschen aller Sprachen und Nationen – in Christus vereint! Ach, wenn es nur so geblieben wäre!

Ich schreibe diese Zeilen aus dem Urlaub auf Kreta. Hier spricht man nicht nur eine andere Sprache, sondern schreibt auch in einer anderen Schrift. Außerhalb der Touristenzentren wird die Verständigung schwer und als Deutscher kann man im bergigen Hinterland mulmige Gefühle bekommen. Ein Stopp in einem hübschen Dorf, ein kräftiger griechischer Kaffee in einer der vielen Tavernen, die Pracht der blühenden Ranken auf den Pergolen und dann schlendert man am Denkmal auf der Plateia vorbei und liest, dass die deutsche Wehrmacht damals das Dorf plattgemacht und alle männlichen Bewohner, derer sie habhaft wurde, erschossen hat.

Heute, am 20. Mai 2018 ist der 77. Jahrestag der Besetzung Kretas durch die Wehrmacht 1941. Auf dem Soldatenfriedhof in Maleme im Nordwesten Kretas liegen über 4.460 gefallene deutsche Soldaten begraben, zumeist junge Männer zwischen 20 und 25 Jahren und geben Zeugnis vom Wahnsinn des Krieges und der Arroganz ihrer Befehlshaber. Im Eingangsbereich finde ich die Tafel mit dem Zitat des Friedensnobelpreisträgers Albert Schweizer: *„Die Soldatengräber sind die großen Prediger des Friedens."* Das steht dort in griechischer, deutscher und englischer Sprache. Über Gräbern versteht man sich plötzlich…

Pfingsten 2018, das ist für mich auch ein Hoffnungsdatum, dass die Menschheit eben nicht gottverlassen und geistlos in eine ungewisse Zukunft taumelt. Damit Kommunikation unter Menschen gelingen kann, muss man sich nicht erst die Köpfe einschlagen. Frieden als wichtigstes Menschheitsprojekt entsteht dort, wo man versucht, sich zu verstehen. Pfingsten kann auch 2018 heilsam sein für jegliche Art gestörter Kommunikation. Man muss nur dazu bereit werden sich „begeistern" zu lassen, „Feuer zu fangen" für ein global gelingendes, gemeinsames Leben – im Geist Christi. „Suche Frieden" lautete das mehrdeutige Motto des Katholikentags in Münster, der Friedensstadt. Ich verstehe dieses Motto nicht als Suchanzeige, sondern als als Aufforderung.

Trinitatis 2018 - Mathematisch erklärt

Neulich las ich, dass wir dabei wären unsere Schriftzeichen zu verlieren. Die jungen Leute würden über ihre Smartphones hauptsächlich mit Emoticons kommunizieren, mit diesen kleinen Bildchen, die so schön Gefühle ausdrücken könnten. Mit dem Smiley, der ja nach Bedarf die Mundwinkel hochzieht oder hängen lässt, ging das mal los. Schreiben wir bald wieder in der Hieroglyphenschrift oder nur noch in digitalen Zahlen: eins und null?

Nun gut. Dass ein Bild mehr ausdrückt als 1000 Worte, ist eine alte Journalistenweisheit. Manches allerdings kann man nur schwer mit Bildern darstellen. Finden Sie mal ein Bild für den Ausdruck „Hoffnung", oder für „Liebe", wenn's nicht gerade ein Herzchen sein soll, oder ein Bild für „Gott". Alter Mann mit Bart kann es heute wohl nicht mehr sein.

Der heutige Sonntag Trinitatis erinnert an die christliche Glaubensvorstellung der Dreiheit Gottes: Gottvater, der Schöpfer der Welt und Gottes Sohn, Jesus Christus, der Erlöser und Gott Heiliger Geist. Gott, gedacht in drei Personen aber trotzdem nur einer. Mit der Dreifaltigkeit wird ihre Unterscheidung und zugleich ihre unauflösbare Einheit ausgedrückt. Was man gedanklich kaum in Worte fassen kann und was uns Heutigen immer fremder zu werden scheint und in anderen Religionen, etwa dem Judentum oder dem Islam, als Vielgötterei strikt abgelehnt wird, das haben die Alten versucht mit anschaulichen Bildern zu fassen.

Ich bin noch ganz beeindruckt von der Bilderflut der Ikonen, die ich vor kurzem bei einem Kreta-Urlaub in mehreren Klöstern erleben durfte. Im Dreifaltigkeitskloster Agia Triada auf der Akrotiri-Halbinsel bin ich wieder der berühmten Trinitätsikone von Andrej Rublëv aus dem 15. Jhdt. begegnet, die ich selbst als einfachen Druck neben meinem Schreibtisch hängen habe. Sie zeigt eigentlich eine alttestamentliche Szene, die jedoch als Vorausdeutung auf die Menschwerdung Gottes, auf Christus verstanden werden kann: Drei Engel, die den Erzpatriarchen Abraham im Hain Mamre besuchen. In der Art ihrer Darstellung liefern sie den Hinweis, dass sich Gott schon lange vor Christus als Dreigestalt offenbart. Drei Engel im liebevollen Gespräch: Gott als Kommunikationsgeschehen der Liebe. Wobei Engel in der orthodoxen Tradition als „körperlose" Gestalten im Grunde nicht darstellbar sind. Einen schönen Hinweis darauf gab uns das kleine, uralte Kirchlein Agion Asomaton bei Vrisses. Anders als überall sonst in orthodoxen Kirchen sind dort keine Heiligen und keine biblischen Ereignisse an die Wände gemalt, sondern nur unzählige, völlig gegenstandslose und fast wie Kritzeleien wirkende Zeichen. Vielleicht scheute sich der Maler, in einer den ‚Körperlosen' (so die deutsche Übersetzung des griechischen Wortes für Engel, asomatoi) geweihten Kirche Körper zu zeigen? Aber wie will man auch „Liebe als Kommunikationsgeschehen" darstellen? Wie will man den Heiligen Geist darstellen? Die berühmte Taube ist auch nur eine Metapher, ein Bild. Anschaulich dann aber doch die Pfingstikone, die den Heiligen Geist als König im Dunkeln, also eigentlich unsichtbar, aber in der Mitte der Apostel, der ersten kirchlichen Gemeinschaft, darstellt.

Vielleicht kann man die Trinität mit Mathematik erklären: Die Gleichung $1 + 1 + 1 = 3$ stimmt eben nicht für die christliche Gottesvorstellung. Wir glauben an den **einen** Gott. Es muss vielmehr heißen $1 \times 1 \times 1 = 1$. Ein Gott, der nichts anderes ist als potenzierte Liebe: Als Zahl eins, als Person drei, als Liebe aber unendlich.

Früher

Was denken Sie? Hat sich die Anzahl der Menschen auf der Welt, die in extremer Armut leben, in den letzten Jahren fast verdoppelt, ist sie in etwa gleichgeblieben oder hat sie sich beinahe halbiert?

Das letztere stimmt. Es ist wohl eine der wichtigsten Veränderungen, die sich auf der Erde zu unseren Lebzeiten ereignet hat, dass die extreme Armut so massiv zurückgedrängt werden konnte. Aber kaum jemand weiß das. Die meisten denken wirklich, dass früher alles viel besser war und sehen die Gegenwart und erst recht ihre Zukunft sehr skeptisch und in schwarzen Farben. Aber ob Sie es glauben oder nicht, das Leiden in der Welt nimmt ab!

Vielleicht halten Sie mich jetzt für einen dieser Schönredner, aber es schon sehr interessant, dass sowohl politisch links- wie rechtsorientierte Menschen diesen Blick auf die Fakten als fake, als Lüge abtun. Die täglichen „Katastrophen" werden halt von den einen wie von den anderen als Zutaten für ihre politische Suppe dringend gebraucht und oft genug maßlos übertrieben. Und allzu viele glauben den Wichtigtuern auch gar zu gerne: Die Welt wird immer schlechter! Und die EU ist schuld! Nein, Deutschland ist schuld! Nein, der Islam ist schuld! Ach wo, die Kirche ist schuld… usw.

Der EU bin ich derzeit durchaus dankbar: Die neue Datenschutzgrundverordnung tut jetzt endlich, was uns lange genug vorenthalten wurde: Sie gibt uns die Hoheit über unsere Daten zurück. Wenn Sie z.B. tatsächlich noch wegen eines neuen Stromliefervertrages angerufen werden sollten, brauchen Sie nur fragen, ob denn dem Anrufer eine Einwilligungserklärung von Ihnen vorliege. Der legt sofort auf.

Dankbar bin ich, dass endlich der Plastikflut Einhalt geboten wird, dass tatsächlich ein Datum für das Ende der Kohleverstromung festgelegt wird. Dankbar bin ich, dass Gundremmingen, Grafenrheinfeld und wie die Atomkraftwerke alle hießen, schon bald endgültig vom Netz sein werden. Dankbar bin ich um die immer bessere medizinische Versorgung. Also, wenn man das etwa mit früher vergleicht! Wie armselig sind unsere Großmütter im Alter oft daher gehumpelt. Eine neue Hüfte ist längst medizinischer Alltag und Standard. Aber wir suhlen uns in unserem ungerechtfertigten Pessimismus und verklären die in Wahrheit oft gar nicht schöne Vergangenheit.

Selbstverständlich ist es richtig, dass wir unseren Blick auch auf das richten müssen, was noch nicht gut ist, denn es soll ja besser werden. Dass wir dabei aber übersehen, dass die Dinge insgesamt tatsächlich besser und nicht schlechter werden, ist nicht nur schade, sondern gefährlich. Wir dürfen uns nicht von der Angst vor Abstieg und Untergang lähmen lassen, denn sie beruht auf Fehlinformationen. Wer Zukunft gestalten will, muss von Fakten ausgehen und nicht von Gefühlen.

Fakt ist, dass es uns allen erheblich besser geht, als noch vor 20 Jahren. Wir jammern auf sehr, sehr hohem Niveau! Natürlich sind die Reichen reicher geworden, - von mir aus sollen sie doch, solange es nicht auf anderer Leute Kosten geht, - aber die Armen eben auch! Die Schere wieder etwas zu schließen, wäre ja keine schlechte Idee.

Nach Dorothee Sölle heißt der gottloseste Satz im Alltagsleben: *„Da können wir halt nichts dran machen!"*

Nichts da! Die Welt gerecht zu gestalten, die Schöpfung zu bewahren und für Frieden zu sorgen, das ist schließlich göttlicher Auftrag – für jeden von uns!

Restauration

Das lateinische Wort restaurare bedeutet wiederherstellen, erneuern, wieder erbauen. Im gesellschaftlichen und politischen Zusammenhang ist damit gemeint, den alten Zustand, der vor einer Veränderung, vor einem bestimmten historischen Zeitpunkt geherrscht hat, wiederherzustellen, auf Deutsch: Die Uhr zurückzudrehen. Genau das passiert derzeit auf der ganzen Welt in einem ungeheuren und bedrohlichen Ausmaß.

Restauration ist immer das Ziel alter Eliten, die gerne den Verlust an Einfluss und Macht ungeschehen machen, die in ihren Augen „falschen" Entwicklungen stoppen und die alten Verhältnisse wieder durchsetzen wollen. „Neue", „umstürzlerische" und „schädliche" Gedanken müssen unterbunden und das Volk wieder „auf Linie" gebracht werden. Dies geht allerdings nur mit dem Verlust von Freiheit, mit Meinungskontrolle und mit massiver Einschränkung von Denkfreiheit. Restauration ist in der Politik die Strategie der Autokraten, Despoten und Diktatoren, die sich meist mit Gewalt und Korruption durchsetzen. Und wenn Gewalt nicht hilft, dann hilft eben mehr Gewalt. Restauratives Denken tarnt sich oft als „konservativ". Das ist an sich nichts Schlechtes, denn conservare heißt ja bewahren, am Bewährten festhalten, traditionsbewusst handeln. Es gibt aber leider auch „Stockkonservative" oder „Erzkonservative", die nicht mitbekommen haben, dass das „Herkömmliche" längst überkommen ist, dass die Entwicklung weitergegangen ist und sich das „Alte" eben nicht mehr bewährt, weil es dem Leben die Luft abschnürt. Das sind die sturen Betonköpfe, die zu spät kommen und vom Leben bestraft werden.

Manchmal behalten sie leider zumindest für eine gewisse Zeit die Oberhand, wie gerade eben wieder einmal in der römisch-katholischen Kirche. Sieben „konservative" Bischöfe, darunter, Gott sei's geklagt, auch der aus Bamberg, haben gegen den Mehrheitsbeschluss der Deutschen Bischofskonferenz zur Teilnahme von evangelischen Ehepartnern bei der Kommunion in Rom Stimmung gemacht. Die katholische Laienbewegung „Wir sind Kirche" kritisierte dies in einem „offenen Mahnbrief": „Warum lassen Sie sich nicht auf erste zaghafte Schritte ein, die Sie in der Bischofskonferenz sicher ausführlich diskutiert und abgewogen haben?". Die Schritte seien für viele Kirchenmitglieder längst überfällig und vor Ort bereits eine lang geübte Praxis. Nun hat Papst Franziskus, der es wohl lieber gesehen hätte, wenn hier ein einmütiger Beschluss gefasst worden wäre, leider ein „Machtwort" sprechen müssen. Im Grunde war seine Botschaft „Lasst viel zu, aber fragt mich nicht, sonst müssen wir es „offiziell" machen."

Nun ist es also „offiziell": Das Thema Gemeinsames Abendmahl ist wohl wieder für Jahrzehnte blockiert. Mögen sich Kardinal Rainer Maria Woelki, Kardinal Gerhard Ludwig Müller und wie die erzkonservativen „Bewahrer des allein selig machenden Glaubens" alle heißen, nun die Hände reiben. Jetzt können sie sich sicher sein, dass sie eines Tages in einen reinen und vom Protestantismus unbefleckten, katholischen Himmel auffahren werden. Aber ob sich Jesus Christus wirklich ausschließlich dort aufhalten wird?

Das Bedauerliche ist halt, dass nicht sie vom Leben bestraft werden, sondern dass es die Menschen trifft, denen der gemeinsam praktizierte, christliche Glauben (noch!) wichtig ist. Ich für meinen Teil bin mir sicher, dass ich mal in den ökumenischen Himmel komme.

17. Juni 1953

Heute ist es 65 Jahre her, dass es in der DDR zu einem Volksaufstand mit heftigen Straßenkämpfen kam. Nur mit Hilfe sowjetischer Panzer konnte das SED-Regime den Generalstreik blutig niederschlagen. Für viele Jahre wurde deshalb der 17. Juni, als Tag der deutschen Einheit zum Feiertag. Heute, nach dem Einigungsvertrag von 1990 ist dies der 3. Oktober und der 17. Juni ist nurmehr ein Gedenktag. Für mich bleibt er trotzdem ein wichtiges Datum, denn ohne ihn lässt sich die deutsche Geschichte der vergangenen Jahrzehnte nicht erklären, lässt sich die Fluchtbewegung aus der DDR in den Westen, die „Abstimmung mit den Füßen", ebenso wenig nachvollziehen wie der Bau der Mauer, die systematische Verfolgung Andersdenkender, die Proteste gegen das Regime oder die Friedliche Revolution von 1989. Der 17. Juni heute soll also das Bewusstsein dafür schärfen, was Freiheit, Gerechtigkeit und Demokratie, also Volksherrschaft bedeuten. Aber tut er das noch?

Freiheit, darunter verstand man schon in der alten Bundesrepublik je länger je mehr vor allem die Freiheit des Geldes, der Banken, der finanzstarken Konzerne. Wie weit diese „Freiheit" inzwischen gediehen ist sieht man etwa an den „Freiheiten", die sich die Autokonzerne mit dem Dieselbetrugsskandal ungestraft immer noch herausnehmen können. Für diese Art von Freiheit haben die Aufständischen vom 17. Juni mit Sicherheit nicht gekämpft. Auch nicht für eine „Demokratie", die den erklärten Volkswillen immer wieder ignoriert und die immer mehr ersetzt wird von einer Politik, die unter der Fuchtel einer Lobbyisten- und Beraterindustrie steht, siehe etwa den Glyphosat-Skandal.

Bürger, die das Gefühl haben, dass sie in der Politik kaum etwas zu sagen haben, dass sie immer wieder mit hohlen Versprechungen abgespeist und hingehalten werden, tendieren weltweit dazu, den Parteien der freiheitlichen und linken Mitte den Abschied zu geben. So werden dann die „Populisten" vom rechten Rand zu den Gewinnern. Genau deshalb muss jetzt die SPD ihre Wunden lecken und sich selbst zum Sanierungsfall erklären. Gerechtigkeit, ihr Wahlversprechen, ist eben mehr als Verteilungsgerechtigkeit.

Die Unionsparteien hingegen suchen ihr Heil in populistischer Stimmungsmache und geraten so immer schneller in den moralischen Abgrund, in dem es sich die AfD, das populistische Original, schon längst bequem gemacht hat. Unsere Probleme haben eben nicht nur wirtschaftliche, sondern vor allem moralische und ethische Gründe. Wichtige Werte, gerade christliche wie Ehrlichkeit und Anstand, sind offensichtlich verlorengegangen.

Es ging den Menschen des 17. Juni damals nicht nur um eine bessere Lebensmittelversorgung und den Kampf gegen die Erhöhung der Arbeitsnormen, sondern vor allem um ihre persönliche Freiheit, um soziale Anerkennung, echte demokratische Willensbildung und Gerechtigkeit für alle. „Sicherheit statt Freiheit", also eine Mauer um das Volk, wie es die Populisten heute fordern, war für sie keine Option. Ganz im Gegenteil, die Mauer haben sie 1989 überwunden.

Nähmen die etablierten „Volks"-Parteien von 2018 die Forderungen des 17. Juni 1953 wirklich ernst, dann lebten wir in einer starken Demokratie, in der Hass und Intoleranz keine Chance hätten. „Sonntagsreden" brauchen wir heute also nicht, sondern aufrechte Politikerinnen und Politiker, Demokraten, die tatsächlich für ihr Volk da sind und für niemanden sonst.

24.6.2018
Asyl am Johannistag

Eigentlich wollte ich heute dem Datum entsprechend ein paar Gedanken zum Johannistag aufschreiben, Brauchtum, theologischer Hintergrund, solch eher beschaulichen Dinge. Aber nun ist wieder einmal die ganz große Debatte und Hysterie über die Flüchtlinge ausgebrochen und da dachte ich mir, es könne nicht schaden etwas Gelassenheit in die Diskussion zu bringen: Einfach mal auf die Fakten schauen.

Es wird ja erzählt, da draußen stünden Millionen und aber Millionen von in aller Regel islamischen und noch dazu meist schwarzen Flüchtlingen, die nichts anderes wollen als uns zu überrennen, uns abzuschlachten, unsere Frauen und Töchter zu vergewaltigen, uns die Arbeitsplätze und vor allem die Wohnungen wegzunehmen, kurz, uns „umzuvolken". Wenigstens die, die schon in einem anderen europäischen Land registriert worden sind, sollen auf gar keinen Fall über die deutsche und schon gar nicht über die bayerische Grenze kommen dürfen, auch wenn z.B. schon Verwandte bei uns leben. (Die Frage sei erlaubt: Um wie viele geht es da eigentlich?) Und wenn die Bundeskanzlerin da nun partout nicht mitmachen will, ja dann, dann platzt eben die Koalition und die Regierung und überhaupt alles. Das hat sie dann davon!

Ich habe mir mal die offiziellen Zahlen angeschaut. Die sind leicht zu finden, auf der Internetseite der Regierung von Oberfranken nämlich. Was denken Sie, wie viele Asylbewerber sind derzeit in unserem schönen und zum Glück gar nicht so dicht besiedelten Oberfranken untergebracht? Oberfranken hat ungefähr 1,06 Millionen Einwohner. Wie viele davon sind Menschen, die bei uns Schutz vor Krieg und Terror suchen?

Am Stichtag 8.6.2018 waren es 7.055 Personen, also etwa 0,66 % der oberfränkischen Bevölkerung. Um sich das Zahlenverhältnis einmal klar zu machen: Wenn sich zu einem Gottesdienst in der Kirche 150 Besucher einfänden, dann wäre einer davon ein Asylbewerber. Und vor diesem einem jungen, schüchternen Mann, vor dieser einen Frau, die sich nicht traut uns ins Gesicht zu schauen, weil sich das in ihrem Kulturkreis nicht schickt, vor diesem einem, traumatisierten, zurückgezogenen Kind, vor diesem Häufchen Elend sollen wir uns jetzt fürchten müssen? Da gehe ich doch ganz gelassen auf diesen Menschen zu und frage, wie ich ihm am besten weiterhelfen kann. Und damit sind wir beim Thema, das mich zurzeit besonders bewegt.

Wie wir mit denen da draußen umgehen sollen, darüber muss sich jetzt ganz Europa Gedanken machen. Die bereits getroffenen Maßnahmen greifen, denn die Zahlen gehen ja zurück (s. Statistik der Reg.v.Ofr.). Aber was ist mit denen, die schon da sind? Kümmern wir uns hinreichend darum, dass die Sprachbarriere zunehmend besser überbrückt wird, dass sie Arbeitsplätze finden können, dass sie sich tatsächlich integrieren und nicht gesellschaftliche Außenseiter bleiben?

Ich empfehle deshalb gerade heute einen alten Brauch zum Johannistag: Früher wurde an Johanni Kuchen gebacken und noch heiß ausgetragen. Daher übrigens der Ausdruck: Hans Dampf in allen Gassen. Wie wär's: Ein paar Kichla oder ein Stück Kirschkuchen zu den syrischen Nachbarn bringen und fragen wie das Zuckerfest war?

Ach ja, und falls Sie sich wundern, warum heute öffentlich geflaggt ist: Das hat der Herr Ministerpräsident aus Anlass des Gedenktages für die Opfer von Flucht und Vertreibung so angeordnet. Ebenfalls nachzulesen auf der Internetseite der Regierung von Oberfranken.

Krimi Fußball

„Die Welt verroht zunehmend! Man sieht es an der unheimlich angeschwollenen Flut von Fernsehkrimis. Nie gab
es so viel Mord und Totschlag im Fernsehen wie heute. Wer
gebietet dem Einhalt?" Das höre ich oft, nicht zuletzt von
meiner Frau. Ich sehe es jedoch anders.

Krimis sind im Grunde immer nach dem gleichen Muster
gestrickt: Ein schlimmer Bösewicht nimmt sich das Recht
des Stärkeren heraus und bringt Mord und Totschlag in die
Welt. So weit so schlecht. So weit aber auch Natur und Evolution: Der stärkere, der besser angepasste setzt sich durch,
der Schwache unterliegt und geht zugrunde. Aber im Krimi
wird dieser Mechanismus ausgehebelt. Kommissar Walander
und wie sie alle heißen, setzen der Gewalt eine Schranke. Der
Bösewicht wird überführt, Recht und Ordnung setzen sich
am Ende durch und mörderische Gewalt und das Faustrecht
der vermeintlich Starken müssen weichen. Und damit es auch
spannend ist, triumphiert das Recht immer nur haarscharf.

Die Sehnsucht genau danach, dass Recht und Gerechtigkeit triumphieren, ist offensichtlich in den letzten Jahren
enorm gewachsen, sonst gäbe es diese Flut der Krimis nicht.
Wir leben in einer Zeit, in der die Wahrheit anscheinend
immer weniger wert ist, in der Fakten nicht mehr zählen, in
der das Gefühl, von allen Seiten von Unrecht und Gewalt
bedroht zu sein, überhandnimmt. Dem widerspricht die Erzählung von der faktenbasierten, genauen Ermittlung, dem
Durchbruch der Wahrheit und der Überlegenheit von Polizei
und Staat. Die Gewalt wird eingehegt durch Wahrheit und
Recht. Nicht das Böse, siegt, sondern das Gute, die Gerechtigkeit. Alles wird am Ende gut.

Beim Fußball ist es anders herum. Hier soll der Stärkere unbedingt gewinnen, wenn auch gezähmt durch klare Spielregeln, die Fouls verhindern sollen. Aber wichtig ist, dass unsere Mannschaft siegt, dass wir die Stärkeren sind. So kann man seine vermeintliche Überlegenheit genießen und auskosten, ohne dass es anderen wirklich schadet. So wird sogar der Nationalismus eingehegt: Man muss nicht mehr Sieger auf einem kriegerischen Schlachtfeld sein.

Letztlich ist beides, Krimi wie Fußball, ein Abbild des Umgangs von uns Menschen mit dem uns von der Evolution mitgegebenen Optimierungsprogramm für unsere körperlichen und geistigen Fähigkeiten. Wie gesagt, in der Natur setzt sich das Stärkere, das besser Angepasste durch und gäbe es keine Gesetze, keine Spielregeln, die die Gewalt im Zaum halten, dann hätten die Schwachen auf dieser Welt keine Chance. Der Evolution Grenzen zu ziehen durch die Entwicklung von Spielregeln und Recht, das ist unsere Aufgabe, das erst macht den Menschen zum Menschen und unterscheidet ihn vom Raubtier.

Die Religion tut dies seit Tausenden von Jahren. Sie setzt gegen den evolutionären Druck der Starken das Recht auf Leben für alle, auch und besonders für die, die Hilfe brauchen, für die Kinder, die Alten, die Kranken, die Opfer der Gewalt. Am Ende, so die Verheißung, wird das Leben siegen, weil dem Übel die Liebe entgegensetzt wird. Der gleiche Gott, der sich für sein Schöpfungswerk die Evolution ausgedacht hat, hat sich eben auch die Liebe einfallen lassen, die sie letztlich in Schach hält.

Im Krimi sind die Opfer in der Regel tot, auch wenn das Recht gesiegt hat. Im Fußball schleichen die Verlierer matt vom Spielfeld. Im Glauben jedoch triumphiert am Ende das Leben und der Tod verliert sein Recht.

Confiteor - Schuldbekenntnis

Bevor er in den Ruhestand verabschiedet wurde, lud der hohe Beamte im Kultusministerium mehrere Schulleiter zu einer Kaffeerunde ein. Man erinnerte sich an viele gemeinsam bewältigte Aufgaben, auch an die Einführung des achtklassigen Gymnasiums G8. Der Beamte meinte dazu: „Wir haben damals einen großen Fehler gemacht". „Toll," dachte einer der Gäste, „dass er dazu stehen würde, das hätte ich nicht erwartet. So beweist er doch noch Größe im Gehen." Nach kurzer Pause führte der Beamte jedoch seinen Satz weiter: „Aber wir werden es niemals zugeben!" - Was soll man da sagen? Kennen Sie diese Haltung?

Für Menschen mit einem pathologisch guten Gewissen, die dazu ihr pathologisch schlechtes Gedächtnis pflegen, wäre so eine Art Korrekturfunktion sehr nützlich. Damals, bei der Einführung der Kugelkopf-Schreibmaschine, galt sie als sensationelle Erfindung: „Irren ist mänschlich" – Erinnern Sie sich an die Werbung? Man konnte den Fehler mit einem eingebauten Korrekturband einfach übertippen und berichtigen. Wie praktisch!

Eine Korrekturfunktion für dumme Entscheidungen, einfach alles ungesagt, ungeschrieben, ungeschehen machen zu können, das wäre es. Das wünschte sich gerade in diesen Tagen der „optimalen Gesichtsstandswahrung" mancher lautstarke Politiker. Aber man soll den Fortschritt der Zeit nicht unterschätzen. Früher konnte man darauf setzen, dass schlimme Entscheidungen und grobe Fehler irgendwann auch mal wieder vergessen sein würden. Da konnte man mit betrunkenem Kopf Menschen totfahren und wurde trotzdem Minister. Man konnte als NS-Marinerichter fragwürdige Todesurteile fällen und selbst vollstrecken und wurde sogar Ministerpräsident. Heute geht das nicht mehr so einfach. Wikipedia hat ein unerbittliches Gedächtnis und ist nicht mehr aus der Welt schaffen. Die Whistleblower werden immer mutiger. Doktortitel sind nur noch schwer zu kaufen. Die „soziale Kontrolle", die früher neugierige Nachbarn zu ihrer Angelegenheit machten, übernehmen heute die „sozialen Medien".

Das ist sie also, die von den Mächtigen so gefürchtete Transparenz. Kein Wunder, dass sie die Medien gerne kontrollieren möchten. Aber mancher verantwortungslose Machtinhaber pfeift auch drauf: „Was interessiert mich mein Geschwätz von gestern? Hauptsache ich behalte heute alle Fäden der Macht in der Hand."

Sich aus der Verantwortung ziehen und den angerichteten Schaden anderen überlassen. So tun, als wäre alles völlig korrekt gelaufen. Sündenböcke finden. „Gesichtswahrung" um jeden Preis, selbst wenn es am Ende nicht nur meinen Kopf und Kragen kostet: Seit Kain und Abel ist diese Haltung einem jedem von uns nur zu gut bekannt.

Eine Korrekturfunktion? In unseren Gottesdiensten ist sie eingebaut, gleich am Beginn. Leider wird sie oft schlechtgeredet, weil sich der Mensch angeblich erstmal „kleinmachen" soll, „zum Sünder gestempelt wird". Die Rede ist vom Confiteor, wie es im Liturgendeutsch heißt, vom Schuldbekenntnis. Bevor ich mit dem Heiligen, mit Gott in Kontakt trete, mache ich mir meine Unheiligkeit, ja meine Gottlosigkeit deutlich. Und stehe dazu. Wäre ich denn sonst überhaupt hierhergekommen, wenn ich nicht Sehnsucht hätte nach der Begegnung mit dem Heiligen, mit Gott? Möchte ich nicht „gerechtfertigt", also heilig werden?

Sich klarmachen, wer und was man im Letzten eigentlich ist und dann still und bescheiden werden. Das kann sogar einem Ministerpräsidenten den Mut schaffen, sich als Mensch zu erweisen und bereit zu werden Fehler zuzugeben und, wenn es dran ist, tatsächlich von seinem Amt zurückzutreten. Und zwar richtig. So zeigt man wahre Größe.

Solche Menschen soll es geben, ja, hat es schon gegeben, sogar bei den Bundeskanzlern.

15.7.2018

Woher kommt der Hass?

Die Urteile sind gesprochen. Beate Zschäpe, die Hauptangeklagte im NSU-Prozess, bekam die Höchststrafe und muss u.a. wegen 10-fachen Mordes lebenslang ins Gefängnis. Die anderen kamen mit weniger davon. Längst nicht alle offenen und zum Teil brennenden Fragen hat der Prozess beantworten können. Aber in den mehr als fünf Jahren Verhandlungszeit hat sich unser Land buchstäblich unheimlich verändert.

Wie sehr, das verrät die Sprache und die infame Rhetorik der Politikverkäufer, die aus Menschen lästiges Viehzeug machen. Menschen, die vor Krieg, Gewalt, Hunger und drohendem Untergang flüchten, werden zu „Asyl-Touristen", die beschützt von einer „Anti-Abschiebe-Industrie" in einem „Flüchtlings-Tsunami" über uns hereinbrechen, wenn nicht die „Achse der Willigen" dagegen einschreitet und mit „Frontex" (das klingt doch nach „Ex und hopp"; hatten wir das nicht schon mal?), dafür sorgt, dass sie lieber gleich im Mittelmeer ersaufen. Die Haupttäter des Nationalsozialistischen Untergrunds Uwe Mundlos und Uwe Böhnhardt, die sich bei ihrer Enttarnung lieber erschossen - wie wertlos war selbst das eigene Leben für sie! -, wären über die gegenwärtige Entwicklung höchst erfreut. Ihr mörderisches Tun hat offensichtlich nicht nur Entsetzen und Abscheu hervorgerufen, sondern wird im Gegenteil anscheinend von manchen sogar noch „klammheimlich" bewundert. Zehnfacher Mord, womöglich nur ein „Fliegenschiss"?

Nun kann man nicht dauernd im Empörungsmodus verharren, aber man muss fragen: Was ist los bei uns, mit uns? Was hat unsere Gesellschaft so sehr verändert? Woher kommt der Hass?

Hass ist ein starkes Gefühl der Abneigung gegen andere und ein schnell wirkendes Gift. Hass erzeugen, also „hetzen", ist deshalb ein probates Mittel der politischen Agitation, die Mittäter und Parteigänger erzeugen will. Gerade wir Deutsche wissen das. Wir haben nicht erst mit dem NSU erlebt, wohin der Hass führt, was er aus Menschen macht und was die Konsequenzen sind. Aber wie entsteht er?

Ursache für Hass ist in der Regel die Bedrohung oder Kränkung eines schwachen Selbstwertgefühls. Egal ob Fremdenhass, Frauenhass, Judenhass – er ist immer verbunden mit der Angst um die eigene Größe, um den eigenen Besitzstand, um die eigene Bedeutung und sucht Sündenböcke für die bestehende Misere. Der andere, der Fremde vor allem, wird deshalb klein und hässlich gemacht Am besten spricht man ihm das Menschsein ab und erklärt ihn zum Monster.

Die Kur gegen Hass kann deshalb nur die Stärkung und Bewusstmachung des eigenen Wertes sein. Jemand, der sich sicher und beschützt weiß, jemand, der zu vertrauen gelernt hat, jemand, der Gerechtigkeit erfährt ob vor Gericht oder auf dem Gehaltskonto, jemand, der stolz auf sich selber sein kann ohne andere deshalb verachten zu müssen, jemand, der liebesfähig ist, - so jemand braucht nicht zu hassen und wird nur schwer zum Hass verführbar sein.

Abgekürzt und auf uns Christenmenschen bezogen: Wenn uns bewusst ist, wer wir als Christen sind und welches Geschenk wir mit unserem Glauben an einen Gott haben, der Leben und Liebe für **alle** Menschen vorgesehen hat, wenn wir weiterhin unverbrüchlich für die Nächstenliebe stehen, dann haben Hass und Nazi-Gedankengut und rechtsextreme Propaganda bei uns keine Chance. Weil wir wissen, wer wir sind und welchen Wert wir haben, – aber die anderen eben auch. Jeder einzelne.

Salz

Mögen Sie Pommes Frites ohne Salz? Oder Suppe ohne Salz? Oder das Frühstücksei? Erst wenn mal kein Salz im Haus ist, merkt man, was einem fehlt. Salz ist das alltäglichste Gewürz in der Küche und jeder, dem der Arzt eine salzarme oder gar salzfreie Diät verordnet hat, ist arm dran.

Jesus sagt im Evangelium des heutigen Sonntags (Matthäus 5, 13-16) zu den Seinen: *„Ihr seid das Salz der Erde."* Das ist spannend. Es bedeutet nämlich nicht, dass wir Salz sein sollen, nein, wir sind dieses Salz! Wer vom Ruf Jesu getroffen ist, wer sich Christ nennt, der ist in seiner ganzen Existenz Salz der Erde. Es durchwirkt die ganze Welt, ja, es ist ihre Substanz. Hier werden wir Christen an unsere Verantwortung für die Welt und ihre Menschen erinnert.

Es ist ein grandioser Vergleich und ein tröstlicher vor allem. Jesus will mit diesen Worten in der Bergpredigt das Selbstvertrauen seiner Hörerinnen und Hörer stärken, damit sie ihren Glauben nicht schüchtern verstecken:

„Ihr seid für die Welt das, was das Salz für die Suppe ist. Ohne euch ist diese Welt schlicht ungenießbar! Deshalb fühlt euch nicht schwach, auch wenn ihr manchmal nur wenige seid. Jedes einzelne Salzkorn hat ja Kraft, auch wenige Salzkörner wirken! Ihr braucht euch auch nicht darum kümmern, ob der Erfolg eures Glaubens sofort sichtbar ist. Wer sieht schon das Salz in der Suppe? Aber die Welt wird euch spüren und schmecken. Wenn ihr euch auf mich einlasst, wenn ihr die Liebe und Gelassenheit lebt, die ich euch für euer Leben schenke, für die Tage der Freude und für die Stunden der Angst, dann seid ihr die Würze der Erde. Die Welt sucht das süße Leben. Ihr aber macht die Welt erst genießbar!"

Salz ist nicht nur als Gewürz so wichtig, sondern vor allem auch als Konservierungsmittel. Früher war Salz deshalb eines der wichtigsten Handelsgüter. Gepökeltes Fleisch in einer Salzkruste z.B. kann nicht verfaulen. Wenn Jesus seine Leute mit Salz vergleicht, sagt er also auch: „Durch euch erhalte ich meine Welt und das Leben auf ihr. Eure Treue zu meinem Wort, euer Glaube, euer Gebet, euer Gottesdienst und das Leben in eurer Kirche sind wie eine Schutzschicht um meine Schöpfung. Was macht's, wenn vielleicht manche Menschen keine Ahnung davon haben? Ihr sollt wissen, dass ihr für sie wichtig seid. Ihr seid Vorbilder! Ihr sollt bewusst daran festhalten, dass es nicht egal ist, wie ihr lebt als Freunde der Schöpfung, die das Leben und die Menschen lieben. Durch euch schütze ich die Menschheit, die sich sonst selbst zerstört."

Salz hat Kraft in sich, aber die Wirkung ist immer für etwas anderes da. Salz für sich ist nur eine chemische Verbindung: $NaCl$, Natriumchlorid. Aber als Würze und Konservierungsmittel für andere Dinge ist es unverzichtbar.

Nutzlos wird unser Christsein dann, wenn wir nur für uns selber glauben, wenn wir Kreuze nur für uns aufhängen und ihre Botschaft nicht zu den Menschen bringen. Dumm und eingebildet wird unser christliches Selbstbewusstsein, wenn wir einem Salzfässchen gleichen, dessen Streulöcher zugesetzt sind, das nicht ausstreuen will, das seinen Inhalt nicht hergeben will. Glaube bewährt sich nicht, wenn wir uns ängstlich von der Welt oder die Welt von uns fernhalten wollen. Wir leben nämlich in ihr und wir haben für sie da zu sein als die, die wir sind.

Dietrich Bonhoeffer bringt es auf den Punkt: »Kirche ist nur solange Kirche, wie sie Kirche für andere ist.«

Fester Grund

Immer wieder staune ich über die Aktualität des Themas, das der jeweilige Sonntag im Kirchenjahr vorgibt. Die für heute vorgesehenen Texte fragen nach unseren Sicherheiten. Womit können wir rechnen? Was gibt uns wirklich Halt bei den immer schneller werdenden Veränderungen unserer Zeit? Wenn man alle Lesungen in ihrer Gesamtheit betrachtet, steht am Ende das Fazit: Nur wer in seinem Leben etwas riskiert, wer seine Gaben, Güter und Fähigkeiten nicht eifersüchtig für sich behält, nur wer sie teilt und den Menschen und damit Gott zur Verfügung stellt, wird letztlich reich dastehen. Es klingt paradox, aber es ist so: Nur wer loslassen kann, wer sich nicht auf die üblichen Sicherheiten im letzten verlässt, dessen Lebenshaus steht auf festem, sicherem Grund, der hat „nicht auf Sand gebaut" (Matthäus 7, 24-26). Ein schönes Beispiel für die Wahrheit de ist etwa die Entwicklung der Lebensversicherungen in den letzten Jahren. Sie galten mal als bombensichere, wenn auch nicht sehr lukrative Altersrücklagen. Und jetzt? Auf Sand gebaut?

Der Wochenspruch für heute ist nun in besonderer Weise aktuell, denn er steht im Zusammenhang mit sehr irdischer Verteilungsgerechtigkeit: *Wem viel gegeben ist, bei dem wird man viel suchen; und wem viel anvertraut ist, von dem wird man umso mehr fordern* (Lukas 12, 48b).

Lesen Sie einfach mal nach, was die Bibel an dieser Stelle über die „treuen und klugen Verwalter", also über die politischen Verantwortlichen sagt, die dafür sorgen sollen, dass jeder das ihm Zustehende auch erhält.

Während ich darüber nachsinne kommt in den Nachrichten die Meldung, dass die Zahl der Einkommensmillionäre bei uns rasant zunehme. Aber damit ginge auch die Schere der allgemeinen Einkommensentwicklung noch schneller auseinander. Auch der Mittelstand rutsche immer mehr ab.

Meiner Meinung nach ist es genau diese Entwicklung der Umverteilung von unten nach oben, die unsere Gesellschaft zunehmend spaltet: Wer immer größere Angst um seinen Besitzstand haben muss, der wird auch immer anfälliger für hetzerische Parolen, die die Schuld dafür auf irgendwelche anderen schieben: auf die Flüchtlinge, die ohnehin für alles Mögliche herhalten müssen, auf die „links-grün-versifften Gutmenschen", an der Spitze die Kanzlerin, auf die angeblich so linken Kirchenmänner und -frauen oder aktuell auf die angeblich nicht so richtig integrierten Türken. Siehe etwa das unsägliche Medientheater um den sich höchst unglücklich aufführenden Mesut Özil. Er hat damit sowohl den Hetzern vom rechten Rand die dummen Parolen als auch dem Despoten vom Bosporus die willkommenen Argumente gegen unser angeblich so rassistisches Volk geliefert. Ich halte dies alles für sehr professionell und medienwirksam aufbereitete, politische Manöver, die die große Masse vom eigentlichen Skandal und Spaltungsgrund ablenken sollen.

Statt den Hetzern auf den Leim zu gehen besinnen wir uns besser auf unsere Identität als deutsche Bürger und zumeist Christenmenschen und damit auf die uns anvertrauten Werte, und das sind viele. Wir finden sie in unserem Grundgesetz, in den Menschenrechten und nicht zuletzt in der Bibel. Das ist unser fester Grund. „Wem viel gegeben ist, von dem wird man umso mehr fordern", sagt Jesus. Von uns gefordert ist jetzt das entschiedene Eintreten für unsere Werte, etwa für unsere Demokratie. Lassen wir sie uns nicht stehlen von den Wiedergängern der braunen Horden.

Durst

Die Hitze dieses Sommers macht Durst. „Gib mir zu trinken!" sagen jetzt viele, ohne zu wissen, dass sie damit Jesus zitieren. Jesus sitzt auf seinem Weg nach Jerusalem irgendwo in Samarien erschöpft an einem Brunnen und bittet eine Frau ihm zu trinken zu geben. Darauf sagt die Frau: *„Wie, du bittest mich um etwas zu trinken, der du ein Jude bist und ich eine samaritische Frau?"* (Johannes 4, 9)

Jesus setzt sich über die Feindschaft zwischen Juden und Samaritern hinweg. Er bricht ein Tabu, als er sich auf ein Gespräch mit der Samariterin einlässt und setzt damit ein Zeichen: Jesus zeigt sich dieser Frau aus Samarien nicht als der Überlegene. Nicht als der, der viel zu geben hat – wie man es von ihm als Messias vielleicht erwarte würde. Nein, er zeigt sich bedürftig. Jesus, die Quelle des Lebens, die uns lebendiges Wasser zu trinken gibt, sagt zu einer Frau anderen Glaubens: „Gib mir zu trinken!" Damit zeigt er etwa Wesentliches an: Das Gelingen einer Beziehung von Einzelnen und von Völkern hängt davon ab, nicht als die aufzutreten, die haben, wissen und besitzen, sondern als die, die etwas brauchen. Wenn alle sich zuerst als Empfangende und nicht als Wissende, Besitzende, Gebende verstehen würden, dann könnten sie nämlich entdecken, wie reich die Kultur und der Glaube des Anderen ist, wie viel sie uns zu geben haben und wie bereichernd das Gespräch mit ihm für uns selbst ist.

Der heutige Sonntag wird seit dem 16. Jahrhundert als sogenannter Israelsonntag begangen. Dieser Gedenktag der mehrfachen Zerstörung des Jerusalemer Tempels wurde früher vorrangig dazu genutzt die Überlegenheit des christlichen Glaubens gegenüber dem Judentum herauszustellen.

Heute jedoch stehen die Trauer über die Shoah, über das namenlose Grauen, das den Juden angetan wurde, sowie die wieder wachsenden Beziehungen zwischen Juden- und Christentum im Vordergrund. Aber bleiben wir zunächst beim Gespräch Jesu mit der Samariterin. Es geht um das Thema der rechten Anbetung, ob der rechte Ort dafür der Jerusalemer Tempel oder das Heiligtum auf dem Berg Garizim sei. Im Dialog der Konfessionen und Religionen taucht diese Frage immer wieder auf. Wird Gott denn nun in Rom oder in Konstantinopel richtig angebetet, in Wittenberg oder in Jerusalem oder gar in Mekka und Medina?

Jesus hat Durst. Er wird später am Kreuz noch einmal sagen: „Mich dürstet". Gott selbst dürstet. Wonach kann Gott dürsten? Dürstet Gott nach einer bestimmten Kirche oder Konfession oder Religion? Gott dürstet nach uns Menschen, egal wo auf dieser Welt. Den Menschen liebt er und die Menschlichkeit. Nach der Liebe dieses Menschen dürstet es ihn. Dieser nach Liebe dürstende Gott traut uns zu, den Anderen neben uns als unseren Mitmenschen zu entdecken und anzunehmen, so fremd er uns auch sein mag, ihn zu verstehen und zu respektieren, auch wenn seine Kultur der Anbetung seines Gottes ganz anders sein mag.

Der heutige Israelsonntag ruft uns in diesem heißen Sommer dazu auf, Gottes Durst zu stillen, indem wir einander nicht mehr den nötigen Respekt versagen und die Liebe schuldig bleiben. Das kann gelingen, wenn sich die drei sogenannten Buchreligionen wieder auf die gemeinsame Wurzel ihres Glaubens besinnen. Jesus zeigt sie im Gespräch mit der Samariterin. Lesen Sie es nach, Johannes 4,22. Gerade wir Christen hatten unsere Glaubenswurzel verhängnisvollerweise wohl vergessen, - und den Muslimen, denen Israel das große Feindbild ist, muss man sie wieder zeigen.

Heilige Schönheit

Schöne Menschen haben es angeblich viel leichter im Leben: Der bessere Job, die bessere Bezahlung, die besseren Chancen in jeder Beziehung, insbesondere bei der Partnerwahl. Schöne Menschen müssten deshalb eigentlich mit sich selbst viel zufriedener sein, mehr Selbstachtung haben und einfach viel glücklicher sein als die etwas weniger Attraktiven. Sollte man meinen. Aber es stimmt nicht. Allzu oft hängen die Schönen fest in der unablässigen Sorge, ob die angestrebte physische Attraktivität auch wirklich erreicht wird. Der ständig wiederholte Kontrollblick in den Spiegel ist dafür der Verräter. Alles, was ihnen gelingt, ob beruflich oder bei ihren persönlichen „Eroberungen", schreiben sie dann ausschließlich ihrem großartigen Aussehen zu, aber so bleibt das Konto ihres Ichs immer gleich arm und leer.

Nun muss man nicht gleich anfangen die wirklich Schönen deshalb zu bedauern, aber ich bedaure es, in einer Zeit des Körperkults zu leben, der wahnhafte Züge annimmt. Das beweist der unglaubliche Anstieg von Schönheitsoperationen. Längst sind es nicht mehr nur die angeblich zu langen Nasen, die da „verschönert" werden oder die zu großen oder zu kleinen Brüste, – derzeit sind Penisvergrößerungen und Schamlippenmodellierungen die Renner.

Der menschliche Körper wird schon lange als Maschine begriffen, die man mit bestimmten Tuningmaßnahmen hochtrimmen kann. Oft geht es schief. Schauen wir nur auf die Verletzungsgeschichten von so vielen Leistungssportlern. Wozu? Und wenn selbstquälerisches Training nicht reicht, kommt schnell das Stichwort Doping ins Spiel. Nicht zu vergessen das Stichwort Pornoindustrie: Die Missachtung der Körper der anderen, degradiert zu Lustmaschinen für die eigene Gier. Oder noch schlimmer: Der immer häufiger aufgedeckte Missbrauch von Kindern, siehe aktuell das Urteil gegen die Mutter des gequälten Jungen in Staufen. Und dann gibt's noch die ganz andere Seite, letztlich auch „Körperkult": Der Körper wird übel missbraucht durch die Gier nach Zucker, Fett, Alkohol und Drogen. So viele, vor allem junge Menschen sind in unglaublichen Übergrößen unterwegs. Man hat sich anscheinend daran gewöhnt fett zu sein und fett zu bleiben.

Für die evangelischen Gottesdienste des heutigen Sonntags ist nun ein Predigttext vorgesehen, der das Thema „Körperlichkeit" aus einem völlig ungewohnten Blickwinkel anspricht. Paulus vergleicht unsere Körper mit einem Bau. *„Wisst ihr nicht, dass Eure Körper Gottes Tempel sind, in denen der Geist Gottes wohnt?"* (1.Kor 3,16)

Was für ein ungeheurer Gedanke: Mein Leib, ob schön oder missgestaltet, ob muskulös oder klapprig, ob übergewichtig oder viel zu mager, - das Wohnhaus Gottes? Die christliche Mystik hat diesen Gedanken intensiv verfolgt:

Der Leib ist ein Tempel Gottes, von Gottes Geist durchflutet und beseelt. Gott suchen kann dann heißen, ihn nicht hinter den Wolken, sondern ihn in sich selbst zu suchen. Dann gehören nämlich Geist und Körper, Leib und Seele zusammen, sind ein Ganzes. Auf Griechisch heißt das „holos", wovon übrigens das deutsche Wort „heilig" kommt.

Wenn uns unsere Körper wieder heilig wären, dann machten wir uns nicht verrückt um ihre „Schönheit" oder sportliche Leistungsfähigkeit, sondern sorgten ernsthaft für ihre Gesundheit. Und dann stimmte auch wieder der antike Satz von der gesunden Seele im gesunden Leib. Und das alles deshalb, weil Gott in uns wohnt!

Ist das verrückt? Nein, sondern ein genialer Satz aus der Bibel. Und der stimmt ja nicht nur für uns, sondern für die anderen auch! Danke, Paulus!

Nach dem Gottesdienst wird der Konfirmand gefragt: „Was hat denn der Pfarrer gepredigt?" „Über die Sünde." „Und was hat er gesagt?" „Er war dagegen." Natürlich muss er dagegen sein. Sünde ist der Bruch des Gottesverhältnisses durch den Menschen. Punkt. Und *wir sind allzumal Sünder* (Römer 3, 23), oder etwa nicht?

Gefragt, was ich denn als Pfarrer zu den Vorgängen in Chemnitz sage, frage ich zurück: Sind wir uns darin einig, dass Menschenfeindlichkeit Sünde ist? Aber wer von uns ist schon ein Menschenfeind? Wir distanzieren uns doch heftigst von den Krakeelern und Naziglatzen, die in Chemnitz die Menschenhatz eröffnet haben gegen Leute, die „irgendwie nicht Deutsch aussehen". Wir sollten jedoch erst etwas genauer auf uns selbst schauen, bevor wir uns wohlfeil mit den Medien und den aufrechten Demokraten empören über die Rechtsextremen und die Rechtspopulisten, die den „Volkszorn" auch noch legitimieren.

Der Kern der rechtsextremen Weltsicht ist die Annahme der Ungleichwertigkeit von Menschen: Wer nicht zum eigenen „Volk" gehört, wird abgewertet und mit Hass bis zur Vernichtung überzogen, wobei der Begriff „Volk" eng mit „Blutsverwandtschaft" und Homogenität verknüpft wird. Die „Volksgemeinschaft" wird nun konstruiert, als wäre sie von religiöser, kultureller oder ethnischer „Überfremdung" bedroht. Von daher kommen die Vorurteile des Rassismus, der Fremdenfeindlichkeit, des Antisemitismus, der Islamfeindlichkeit und der Hass auf die Homosexuellen. Da ist dann ein Messerangriff mit Todesfolge von zwei Flüchtlingen gegen einen Deutschen ein höchst willkommener Anlass, um „das gesunde Volksempfinden gegen die Volksfeinde" mobilisieren zu können, ähnlich begrüßt wie damals die Flüchtlingskrise, die Alexander Gauland Ende 2015 als „Geschenk" für den Wiederaufstieg der AfD verstand. Was haben wir damit zu tun?

Ich zitiere die leider schon etwas ältere (2011) Studie „Deutsche Zustände" über „Gruppenbezogene Menschenfeindlichkeit" unter deutschen Staatsbürgern. Inzwischen, nach der Flüchtlingskrise 2015, dürften die Zahlen leider noch schlimmer aussehen: „Bezüglich der **Fremdenfeindlichkeit** stimmen 47,1 Prozent der Aussage zu: *,Es leben zu viele Ausländer in Deutschland'* und 29 Prozent finden, es sei richtig, diese bei Arbeitsplatzknappheit ,in ihre Heimat zurückzuschicken'. 13 Prozent der Befragten stimmen der **antisemitischen Aussage** zu: *,Juden haben in Deutschland zu viel Einfluss'.* 22,6 Prozent stimmten der **islamfeindlichen Aussage** zu *,Muslimen sollte die Zuwanderung nach Deutschland untersagt werden'.* 40,1 Prozent haben *,Probleme damit, wenn sich* **Sinti und Roma** *in meiner Gegend aufhalten'.* 18 Prozent stimmten der **sexistischen Aussage** zu *,Frauen sollen sich wieder mehr auf die Rolle der Ehefrau und Mutter besinnen'.* Und 25,3 Prozent finden es *,ekelhaft, wenn* **Homosexuelle** *sich in der Öffentlichkeit küssen'.* 61,2 Prozent finden es *,empörend, wenn sich die* **Langzeitarbeitslosen** *auf Kosten der Gesellschaft ein bequemes Leben machen'.* Und 38 Prozent finden *,die* **Obdachlosen** *in den Städten unangenehm'.* Fast ,37 Prozent der Befragten [sind] der Auffassung, *bestimmte soziale Gruppen seien nützlicher als andere,* und fast dreißig Prozent finden, dass *eine Gesellschaft sich* **Menschen, die wenig nützlich sind,** *nicht leisten kann'.* 11,3 Prozent halten die *,Forderungen von* **Behinderten** *überzogen'."*

Finden wir uns da irgendwo wieder? Sind für uns wirklich alle Menschen gleich im Sinne von „Gottebenbildlichkeit" (1.Mose 1,26), oder sind wir etwa etwas „gleicher"?

Noch ein Zitat, diesmal meine allersten SonntagsGedanken vom 25.9.2016, damals zum Thema „Burka-Verbot":

„ES IST NORMAL VERSCHIEDEN ZU SEIN! (Richard von Weizsäcker)

Und das ist gut so, und dass das so sein kann, garantiert bei uns das Grundgesetz. Haben wir nicht damals im Religionsunterricht oder im Kindergottesdienst das Lied gelernt: „Schwarze, Weiße, Rote, Gelbe, - Gott hat sie alle lieb!"? So ist es! Gott macht keine Unterschiede. Was glauben wir, wer wir sind, wenn wir damit wieder anfangen?"

Zitatende. Diese Worte haben auch im September 2018 nixhts von ihrer Gültigkeit verloren.

Freiheit

Erst wenn man mal nicht über den Freiheitsplatz fahren kann, weil er wegen Bauarbeiten gesperrt ist, fällt einem der Name auf: „Freiheitsplatz". Er wurde 1962, ein Jahr nach dem Mauerbau in Berlin so benannt, weil er an die Werte der „Freien Welt" erinnern sollte. Um diese Werte muss man sich heute bei uns Sorgen machen, nicht zuletzt um die Freiheit.

Sich sorgen, das ist ein Gefühl. Gefühle sind nicht einfach gegenstandslos, weil sie halt „nur" Gefühle sind, und wenn sich Bürger Sorgen machen, noch dazu gut begründete, dann darf der Staat nicht einfach weghören und so tun, als sei da nichts. Jahrelang war nur Schweigen zu vernehmen zu ganz vielem, was uns Bürgern sauer aufgestoßen ist. Nicht nur die Fragen um die Flüchtlingskrise, wie zum Beispiel das immer noch fehlende Einwanderungsgesetz. Aus vielen berechtigten Fragen ist Wut entstanden, weil sich viele Bürger mit ihren Sorgen und ihrer zunehmenden Hilflosigkeit absolut nicht ernst genommen sahen. Die Politik hat sie einfach abgetan und totgeschwiegen. Damit waren die Sorgen aber nicht weg, man kann sie nicht einfach „aussitzen".

Nur deshalb sind vermeintliche „Alternativen" entstanden, die die Sorgen der Menschen sehr schnell und demagogisch als Treibmittel für das Hochkochen des unterschwellig leider immer noch vorhandenen, rechtsextremen, braunen Bodensatzes in unserer Gesellschaft missbraucht haben. Fast siebzig Jahre Demokratieerfahrung haben unserem vom Nationalsozialismus geschundenen und in Trümmer gelegten Land anscheinend nicht gereicht, um gegen menschenfeindliches, rechtsextremes Gedankengut immun zu werden. Und jetzt sieht es so aus, als ob genau dadurch unsere freiheitliche, demokratische Grundordnung ins Rutschen, ja in ernsthafte Gefahr geriete.

Unsere Freiheit ist bedroht: Die Freiheit sagen und schreiben zu können, was man denkt, die Freiheit auswählen zu können, was einem gefällt, die Freiheit seinen Glauben ungestört ausüben zu können.

Freiheit ist ein sehr hohes Glaubensgut: *„Zur Freiheit hat uns Christus befreit! So steht nun fest und lasst euch nicht wieder das Joch der Knechtschaft auflegen!"* schreibt Paulus (Gal 5,1), der sich mit Knechtschaft gut auskannte, er lebte ja damals in einer Sklavenhaltergesellschaft. Frei zu sein, das ist die Sehnsucht der Menschen zu allen Zeiten.

Wie Freiheit entstehen kann, das sagt uns Jesus sehr deutlich (Joh 8,32): *Die Wahrheit wird euch frei machen!* Jesus bezieht dies auf sich selbst (*Ich bin der Weg, die Wahrheit und das Leben"*, Joh 14,6), aber es stimmt auch ganz allgemein:

Wahrheit schenkt Freiheit.

Wahrheit unterdrücken führt in die Knechtschaft.

Deshalb muss der politische Diskurs jetzt erst einmal zur Wahrhaftigkeit finden. Es darf nicht länger verleugnet werden, was die Menschen umtreibt und bedrückt: Von den Sorgen um die vermeintliche „Überfremdung" und den Verlust von Heimat bis zur Wut über den staatlich geförderten Dieselbetrug, vom Zorn darüber, wie man die Infrastruktur zerfallen lässt bis zur hilflosen Resignation über die Abschiebung von bestens integrierten und notwendigen Mitarbeitern, von der Empörung über den trickreich durchgedrückten Einsatz von Herbiziden bis zum Ärger über das hilflose Gewurschtel gegen den Pflegenotstand. Wie wehrlos sind Menschen, wenn sie sich nach Jahrzehnten die plötzlich horrend gestiegene Miete nicht mehr leisten können und wie erbost, wenn dann doch die Frechheit siegt, nur weil sich der Staatsanwalt nicht mehr traut, für eine bestimmte Klientel angemessene Strafen zu fordern, aus Sorge um seine Familie.

Nein, liebe Politikerinnen und Politiker aller Couleur, die Wahrheit wird euch frei machen, wenn ihr sie denn an euch heranlasst, - und endlich handelt! Und nur das wird unser aller Freiheit retten. Ihr schafft das!

Nicht dass eines Tages wieder über KZ-Tore geschrieben wird: Arbeit macht frei.

Lazarus und die Hoffnung

Lazarus. Kennen Sie ihn noch? Seine Geschichte ist das heutige Sonntagsevangelium, und auch die anderen für heute vorgesehen Bibeltexte berichten ähnliche, unglaubliche, ja verstörende Geschichten: Jesus macht verstorbene Menschen wieder lebendig, eben den Lazarus oder den jungen Mann von Nain.

Man kann solche Texte als fromme Märlein abtun, dann brauchen Sie jetzt nicht weiterzulesen, sparen Sie sich lieber die Zeit. Oder man fragt nach ihrem tiefen Sinn und was sie uns heute zu erzählen haben, denn was damals aus Bethanien berichtet wird (Johannes 11) oder am Stadttor von Nain geschehen ist (Lukas 7, 11), wurde zum Bild, für alle Zeiten und Menschen. Was über den Tod zu sagen ist, ist hier zu lesen und zu lernen: Der Tod hat seine Macht verloren. Deshalb loben die Menschen Gott.

Und wir? Was reden, was denken wir vom Tod, falls wir überhaupt davon reden, darüber nachdenken? Die Bereitschaft über den Tod zu reden ist gering. Dabei gehört es doch unausweichlich zum Leben, sich über das eigene Sterben klar zu werden.

Vor ein paar Tagen, auf dem Weg ins Büro, einen kurzen Wimpernschlag lang nicht aufgepasst, das Vorderrad rutscht in der Kurve weg und der junge Mann fliegt über den Fahrradlenker. In den Krankenhaustagen nach der OP geht ihm vieles durch den Kopf. Was wäre, wenn? Was würde aus Frau und Kind? Wie soll es weitergehen? In der selbstausbeuterischen, aber sehr lukrativen Selbständigkeit bleiben oder doch lieber einen sicheren, dafür bedeutend schlechter bezahlten Angestelltenjob? Angst, die plötzlich sehr gut begründet ist und Hoffnung, die richtige Lösung für das künftige, neu geschenkte Leben zu finden. Angst und Hoffnung angesichts des Todes, der plötzlich nicht mehr nur in weiter Ferne liegt.

Angst und Hoffnung: Begriffe, die eher dem Bereich des Gefühls, des Empfindens zuzuordnen sind als dem des nüchternen Verstandes. Und in der Tat, was den Tod betrifft, hat der Verstand wohl wenig zu sagen. Was er uns sagen kann, ist mit wenigen Sätzen gesagt. Wir beginnen heute, nicht zuletzt durch die so wichtige Debatte um die Organspende, vom Tod differenzierter zu reden, unterscheiden Herztod, Zelltod, Hirntod. Und wir beginnen zu verstehen, dass die platte Aussage, mit dem „Tod sei ohnehin alles aus", allenfalls die Grenze unseres Wissens markiert, aber keine wissenschaftlich fundierte, letztgültige Aussage ist. Der blanke Materialismus, der das Ende der Materie „Mensch" mit dem Ende seines Wesens gleichsetzt, hat vermutlich ausgedient. Mehr aber sagt uns der Verstand nicht.

Mehr sagt die Bibel, in der ihr eigenen Sprache, in Bildern und Gleichnissen. Sie sagt, dass da, wo Tod und Leben sich unausweichlich begegnen, der Tod zu weichen hat und nicht das Leben. Sie sagt, dass der Tod, der scheinbar allmächtige Herr über uns, noch einen Herrn gegen sich hat, gegen den er kein Mittel hat. Wo der Tod die Macht zu haben scheint, wird am Ende Gottes Lob zu hören sein. Das ist die Hoffnung in der Angst.

Hoffnung? Das klingt für manche wie eine vage Vertröstung. Vielleicht ist es da hilfreich, sich daran erinnern zu lassen, dass in der alten christlichen Kunst und ihrer feinen Symbolik ausgerechnet der Anker das Symbol der Hoffnung war. Also was für uns oft so vage, so unsicher ist, die Hoffnung, - sie trägt im biblischen Kontext das Symbol des

Festen, ist das Zeichen für etwas, das sich seines Ortes sehr gewiss ist: Hoffnung ist der Anker, der hält, an dem man sich halten kann, nicht nur, wenn es sehr stürmisch zugeht.

Lazarus kann wieder gehen, der Jüngling von Nain wieder mit seiner Mutter sprechen, kurz, das Leben auf dieser Welt geht weiter, und natürlich doch irgendwann, auch für diese beiden, endgültig zu Ende. Wie für jeden von uns. Aber eben nicht mehr ohne diesen festen Anker der Hoffnung, der uns in unserem Lebensgrund festhält.

Diesen Anker wünsche ich auch dem jungen, gestürzten Radler und seiner Frau und Tochter: Egal, wie es kommt – Gott will, dass wir jetzt leben, er hält unser Leben fest. Also lebt.

Unser Glaube

Haben Sie einen starken Glauben? Meistens klagen die Menschen sie hätten nur einen schwachen Glauben, - oder eigentlich gar keinen. Aber von mir wird dann oft erwartet, dass ich doch bitteschön einen starken Glauben haben möge. Schließlich sei ich ja Pfarrer. Und dann werde ich lieber ganz still ...

Der Wochenspruch heute lässt mich neu darüber nachdenken, was es mit dem Glauben, mit unserem Glauben auf sich hat. Nein, er ist keine Privatmeinung über Gott und die Kirche. Unser Glaube hat nichts zu tun mit unserem Denken und Spekulieren über Gott und die Welt, sondern er hat zu tun mit unserer persönlichen Beziehung zu Gott und zu Jesus Christus. Und deshalb werde ich wahrscheinlich so still, wenn mich jemand nach meinem Glauben fragt, denn da ist ja vieles in unserem Leben, was die Gottesbeziehung immer wieder stört.

„Wie komme ich in eine gute Beziehung zu Gott?" Das kann eine quälende Frage sein, weil von ihrer Antwort so viel abhängt. „Wenn ich nur glauben könnte, dass es erstens wirklich einen Gott gibt, und dass dieser Gott mich zweitens wirklich liebt, dann hätte ich drittens auch wirklich Hoffnung, dass es mit mir einmal wieder aufwärts geht." Das scheint ja doch noch irgendwo in unseren Köpfen zu stecken: Glaube kann Berge versetzen, kann Krankheiten besiegen, kann alles zum Guten kehren. So scheint es ja auch unser Wochenspruch zu sagen: *„Unser Glaube ist der Sieg, der die Welt überwunden hat."* (1. Johannes 5,4).

Ja, und dann kommt es doch ganz anders, und wir sind bitter enttäuscht. Am Ende muss ich mir dann vielleicht noch von den ganz besonders Frommen - und von denen gibt es hier bei uns erstaunlich viele - vorhalten lassen: „Du hast nicht fest genug geglaubt! Bist selber schuld, wenn du da nicht rauskommst."

So schnell also wird der Glaube zu einer Leistung, die wir meinen Gott schuldig zu sein, nur weil wir solche schönen Bibelworte, wie den heutigen Wochenspruch nicht recht bedenken. Nein, nicht mein Glaube muss und kann die Welt überwinden. Mit Welt ist ja hier all das gemeint, was das Leben aufhalten und hindern will, all das Schlimme und übermächtig Böse, das das Leben zur Qual und unmöglich machen kann. Was für eine Selbstüberforderung ist es da zu meinen, ich könnte das mit meinem bisschen, schwachen Glauben schaffen; was für ein Größenwahn zu denken, ich könnte die richtige Beziehung zu Gott von mir aus schaffen, etwa so, als käme es nur auf spezielle „Beziehungen" an, wenn man etwas Bestimmtes erreichen will. Unter uns Menschen mag das ja zutreffen, aber bei Gott?

Noch einmal: Nicht *mein* Glaube wird die Welt überwinden, sondern *unser* Glaube hat die Welt bereits überwunden, schreibt Johannes in seinem Brief. Da werde ich stutzig. All das, was uns das Leben oft so schwer macht, egal ob Krankheit oder Unfrieden oder Streit oder die schlimmsten Lebenskatastrophen, das alles soll bereits besiegt sein? Noch dazu durch „unseren Glauben"?

Ja, das ist der Glaube der Christen, dass Gott die Beziehung zu uns bereits in Ordnung gebracht hat. Dass es nicht auf unseren kleinen, schwachen Glauben an einen liebenden Gott ankommt, sondern darauf, dass Gott an uns glaubt.

„Du, ich glaube an dich und ich liebe dich! Ich liebe dich so sehr, dass ich dafür sogar bereit bin mein Leben zu geben."

Das hat Gott getan. Und deshalb wissen wir seitdem, dass nicht Krankheit und Schmerzen und die „Welt" am Ende über uns ihre Kraft behalten werden. Am Ende wird alles ganz anders aussehen.

Manchmal bekommen wir schon jetzt so eine Ahnung davon, dass wir auf dem Weg sind, eines Tages heil zu sein, heil und ganz, so, wie wir immer sein sollten und wie wir es uns immer gewünscht haben. Manchmal spüren wir das, etwa, wenn ein anderer für mich betet, oder wenn ich begreife: Das, was da an Schuld oder an Bedrohlichem in meinem Leben war, es ist weg, von mir genommen. Unser Glaube ist der Sieg Gottes über all das, was uns das Leben schwer und unmöglich machen will. Bleibt uns nur zu bitten: „Herr, wir glauben, hilf unserem Unglauben."

Dazu muss man nicht Pfarrer sein.

Kognitive Verzerrung vor der Landtagswahl

„Die Fürchtlingskrise ist die Mutter aller Probleme!"
Ich nehme an, Sie haben das jetzt beim ersten Mal genauso verkehrt gelesen, wie ich auch. Schauen Sie nochmal genau hin, hier steht „Fürchtlingskrise", aber gelesen haben Sie „Flüchtlingskrise".

Man nennt dieses Phänomen „kognitive Verzerrung": Wenn ständig über das gleiche Thema geredet wird, dann schwillt es an, wird immer größer und größer und gewinnt eine Bedeutung, die alles andere überlagert. Im Ergebnis wird so aus der „Flüchtlingskrise" tatsächlich eine „Fürchtlingskrise", weil immer mehr Menschen wirklich von wachsender Furcht und Sorge getrieben werden vor den scheinbar immer größer anschwellenden Flüchtlingsströmen. So werden sie leichte Beute für die Profis im Geschäft mit der Angst.

Michael Endes unvergessener Jim Knopf hat eine ähnliche Erfahrung gemacht, als er sich mit Lukas, dem Lokomotivführer in der Wüste „Ende der Welt" verirrte. Dort bemerkten sie am Horizont eine riesige Gestalt. Mit zitternden Knien folgte Jim seinem Freund Lukas, der unbeirrt voranging und sich selber und Jim Mut zusprach. Sie steckten wahrhaftig in einer „Fürchtlingskrise", bis sich der Koloss beim Näherkommen als ganz normaler Mann entpuppte und sich als „Herr Tur Tur" vorstellte. Herr Tur Tur ist ein Scheinriese, und er erklärt ihnen, dass er, obwohl ihn andere durch seine nur scheinbare Riesenhaftigkeit mit Angst wahrnähmen, eigentlich „ein sehr friedlicher und geselliger Mensch" sei.

Anscheinend ist nicht allen Leuten klar, dass in aller Regel die Angst geringer wird, wenn man sich ihren Ursachen annähert. Dann erweist sich nämlich sehr vieles, was übermächtig groß und furchterregend aufgebauscht ist, bei naher und nüchterner Betrachtung als „Scheinriese" und beherrschbar, ja mitunter sogar als friedlich und liebenswert, wie Herr Tur Tur.

Nun darf man diese verunsicherten Menschen nicht einfach als Nazis oder Rechtsextreme niedermachen, denn sie sind im Grunde gar nicht von der Flüchtlings-, sondern von der Fürchtlingskrise betroffen. Man treibt sie dann erst recht in die Arme derer, die sich ganz rechtsaußen mit erwiesenen Nazis zusammentun. Die Menschen sind verunsichert, weil sie eben seit Monaten dieser kognitiven Verzerrung ausgesetzt sind, weil sich die Politiker im Bund und besonders bei uns in Bayern, aber auch die Medien mit nichts anderem mehr beschäftigt haben, als mit „Flüchtlingskrise" - und zuletzt nur noch mit sich selbst. Ergebnis: „Fürchtlingskrise", und das rechtzeitig zur Landtagswahl, sehr zur Freude der Parteien, die mit falschen Behauptungen und bösen Worten auf die Ängste der Menschen setzen und diese nach Kräften befeuern.

Für die anderen Parteien sind nun genau diese verunsicherten Menschen in der „Fürchtlingskrise" mittlerweile selber zu angstauslösenden Scheinriesen geworden. Mein Vorschlag an ihre Politiker: Bleibt nicht vor den Kameras stehen, sondern geht näher ran an das Problem, geht zu den Leuten, redet mit den Menschen, wo sie tatsächlich der Schuh drückt und was ihnen wirklich Angst macht. Biegt die verzerrten Sichtweisen wieder gerade und haltet die Leute nicht grundsätzlich für doof. Man muss sie gerne haben und mit ihnen diesen Scheinriesen „Flüchtlingskrise" zusammen aus der Nähe betrachten, ohne die Probleme zu verleugnen, um herauszukommen aus der „Fürchtlingskrise".

Die Bibel bietet uns dazu einen grandiosen Spitzensatz: *Furcht ist nicht in der Liebe, sondern die vollkommene Liebe treibt die Furcht aus. Furcht rechnet mit Strafe; wer sich aber fürchtet, der ist nicht vollkommen in der Liebe.* (1. Johannes 4,18).

Klingt vielleicht pathetisch, aber für mich gehört das dazu: Ein Politiker sollte tatsächlich die Menschen, für die er Verantwortung übernehmen will, lieben und nicht fürchten.

Falls also ein Wahlkandidat Sie anspricht und wirklich wissen will, wo Sie der Schuh drückt, sagen Sie es ihm und fragen Sie ihn mal danach, was er gegen seine und Ihre Sorgen macht. „Liebe statt Furcht" wäre nicht schlecht.

Erntedankfest 2018 - Reich beschenkt

Der Riesenkürbis und die Erntekrone, pralle Obstkörbe und das „Gott-sei-Dank-Brot", - heute kommen auf unseren reich geschmückten Erntealtären die Fülle der Natur, aber auch die Früchte unserer Arbeit zur Geltung. Aber wir ernten ja noch viel mehr: Nahrung und Kleidung, Wachsen und Gedeihen in Partnerschaft und Familie, große und kleine Erfolge im Beruf, die Freude über die eigene Gesundheit und den täglich neuen Lebensschwung. Es gibt so viel, wofür wir von Herzen dankbar sein können und das Erntedankfest gibt unserer Dankbarkeit Worte, Raum und Richtung, - sie wendet sich hin zu Gott.

Danken und Denken hängen eng zusammen. Jemand, der für etwas dankt, tut das, weil er weiß, dass ihm der Grund seines Danks nicht selbstverständlich zugetekommen ist, sondern dass er beschenkt wurde. Wer denken kann, der weiß, dass gar nichts selbstverständlich ist, dass jeder Tag, jeder Atemzug, jeder Herzschlag auch der letzte gewesen sein kann, dass jede gelebte Sekunde Geschenk ist. Welcher Verlust, wenn das Geschenk des Lebens, der Lebenszeit verachtet und vertan wird!

Wenn uns das klar wird, dann begreifen wir etwas von der Großzügigkeit des Schöpfers und Großzügigkeit kann ja anstecken. Deshalb soll heute der Blick über den eigenen Tellerrand weit hinausgehen. Die Lesungen in den Gottesdiensten verbinden den Erntedanktag mit dem Gedanken des großzügigen Teilens, z.B. Jesaja 58,7-12:

Brich dem Hungrigen dein Brot und die im Elend ohne Obdach sind, führe ins Haus!

Dabei geht es nicht nur um Brot, sondern auch, wie der Text zeigt, um Obdach, Kleidung, Gerechtigkeit, Verantwortung für andere Menschen schlechthin. Wir sind auf dieser Welt nicht alleine. Ihre immer knapper werdenden Ressourcen gehören nicht selbstverständlich uns, nur weil wir sie uns – noch! – leisten können. Dankbarkeit kann sich deshalb nicht nur durch Teilen ausdrücken, sondern auch dadurch, dass wir sorgfältig mit dem Anvertrauten umgehen. Jemand, der weiß, dass saubere Luft, klares Wasser und fruchtbare Böden keineswegs grenzenlos zur Verfügung stehen, dass auch unsere Kinder und Enkel noch atmen, trinken und essen wollen, der geht mit diesen Ressourcen achtsamer um, als jemand, dem die anderen schlicht egal oder sogar lästig sind.

Wenn Sie die SonntagsGedanken bis hierher gelesen haben, dann sagen Sie vielleicht: Ja, ja, ja, das habe ich ja alles schon so oft gehört und dieser ewige Appell an mein chronisch schlechtes Gewissen, weil ich einen Diesel fahre, weil ich so viel Plastikmüll produziere, weil ich dem Bettler nichts in seinen dreckigen Kaffeebecher schmeiße, - ich kann es nicht mehr hören! Ich will endlich meine Ruhe haben, nicht mehr gestört werden von all den Moralaposteln und Gutmenschen und einfach nur so weiterleben, wie ich es gewohnt bin.

Das kann ich nachvollziehen, - aber es wird leider nicht gehen. Dazu verändert sich unsere Welt viel zu rasch und zu radikal. Nichts wird so bleiben, wie es ist, schauen wir nur auf die rasanten Veränderungen der letzten Jahre. Deshalb werden wir nicht umhin kommen zu teilen: unseren Wohlstand, unsere Sicherheit, unsere Freiheit, aber auch unsere Einsicht in die Begrenztheit unserer Lebensgrundlagen, denn sonst werden wir dies alles verlieren.

Nichts davon ist selbstverständlich, aber es ist wie mit der Freude und dem Leid: Geteilte Freude ist doppelte Freude! Geteiltes Leid ist halbes Leid.

Es geht heute nicht um ein schlechtes Gewissen, sondern darum mit Dankbarkeit auf das zu schauen, was unser Leben im Letzten ausmacht. Dann werden wir es frohen Herzens teilen können und auch anderen gönnen, ob das die Erdbeben- und Tsunamiopfer in Indonesien sind oder die Flüchtlinge auf unseren eigenen Straßen.

Erntedankfest ist nicht das Fest des Riesenkürbis, sondern das Fest der Solidarität mit dem Leben der Anderen, selbst wenn es nicht die eigenen Kinder oder die unmittelbaren Nachbarn sind.

Landtagswahlen - Was gut ist

Für viele Leute ist das heute keine leichte Wahl. Wo soll man denn bitte mit Überzeugung seine Kreuzchen machen, um wenigstens darauf hoffen zu können, dass unsere Gesellschaft nicht weiter zerfällt, dass unsere Lebensgrundlagen künftig sorgfältiger bewahrt werden, dass das Einkommen, die Rente auch morgen noch reicht, dass es bezahlbare Wohnungen gibt, dass wir sicher und gesund leben können, dass es endlich genug Plätze in Pflegeeinrichtungen und Kindertagesstätten gibt, dass, dass, dass…

Wünsche hätten wir viele an unsere Politikerinnen und Politiker, oft genug schlichte Selbstverständlichkeiten und versprochen wird ja auch viel, - von allen. Aber wer wird das Versprochene tatsächlich umsetzen und nicht auf dem Altar der Lobbyisten oder der eigenen Interessengruppe opfern?

Für den heutigen Sonntag ist ein durchaus passender Wochenspruch vorgesehen, der einem sogar bei der Wahlentscheidung helfen könnte:

„Es ist dir gesagt, Mensch, was gut ist und was Gott von dir fordert, nämlich Gottes Wort halten und Liebe üben und demütig sein vor deinem Gott." (Micha 6,8).

Das klingt ziemlich klar und eindeutig und wird doch schon beim ersten genauen Hinschauen problematisch. Was ist denn „gut"? Wer legt das fest? Menschen auf der Suche nach „dem Guten an sich" können auf ihrem Weg auch viel Schaden anrichten, wenn sie ihre Vorstellung was „gut" ist, gnadenlos und ideologisch durchsetzen.

Man könnte den uralten Bibelvers auch so übersetzen (Kirchentag 1995):

„Es ist dir gesagt, Mensch, was gut ist und was Gott bei dir sucht: Gerechtigkeit tun, Freundlichkeit lieben und behutsam mitgehen mit deinem Gott."

Drei Kriterien werden benannt, die vor Gott gut sind – und die Gott von uns fordert – weil er es uns zutraut.

Gerechtigkeit tun – das ist das Erste. Diese Verbindung ist wichtig: es gibt nichts Gutes außer man tut es – sagt Erich Kästner. Gerechtigkeit tun ist mehr als Betroffenheit zeigen über die vielen schrecklichen Situationen weltweit. Es geht um sehr konkrete Schritte – manchmal auch sehr kleine Schritte, in unseren persönlichen Beziehungen, im betrieblichen Alltag, in der kommunalen und regionalen Politik, natürlich auch durch die notwendigen Strukturprogramme in der großen Politik, – alle Ebenen sind wichtig! Die Arbeit an der Gerechtigkeit soll allen zu ihrem Recht verhelfen! Für mich ist das ein ganz wichtiges Wahlkriterium! Welcher Kandidatin, welchem Kandidaten, traue ich das am ehesten zu, dass sie oder er „Gerechtigkeit tut"?

Freundlichkeit lieben – das ist das Zweite. Freundlich-keit, das ist die Voraussetzung für gute Gemeinschaft mit meinen Mitmenschen, in der Nachbarschaft, in der Familie, bei der Arbeit, natürlich auch in der Politik. Wenn ich Freundlichkeit erfahre und in Anspruch nehme, dann ist es doch selbstverständlich, auch den anderen gegenüber freundlich zu sein, meine Hilfe anzubieten, wenn ich merke, da werde ich gebraucht… Freundlichkeit, das ist der Kitt in der Gesellschaft. Messen Sie mal Ihre möglichen Wunschkandidaten daran, wie freundlich, ja wie menschenfreundlich sie wirklich sind. Nicht, wie nett oder schön sie gerade tun.

Und das Dritte: Einfach **behutsam mitgehen mit deinem Gott.** Warum behutsam? Das ist ein sehr zärtlicher Begriff, weil in ihm sorgsam, achtsam, fürsorglich mitschwingt. Eine behutsame Gangart auf dem Weg mit Gott? Kann man denn mit Gott Schritt halten? Dabei ist Gott viel langsamer, behutsamer als wir in unserem pausenlosen Schnellgang. Mit dem menschenfreundlichen Gott zusammen auf dem Weg zu sein, das heißt genau hinzuschauen, was er mit und für uns Menschen tut - und ihn dabei mit allen Kräften zu unterstützen! Das ist gut!

Wen oder was unterstützen denn die einzelnen Kandidatinnen und Kandidaten, die sich heute zur Wahl stellen? Und wen oder was unterstützen Sie dann mit ihren beiden Kreuzchen?

Nach der Wahl - Was uns ausmacht

Manchmal muss erst etwas schrumpfen, schwinden und klein werden, damit es wieder wachsen und neu leben kann. Der Goldene Oktober, den wir in den letzten Tagen in aller Pracht erleben durften, ist dafür ein schönes Bild. Die fröhlich bunten Blätter zeigen ja mit ihrer Buntheit nur, dass alles Grün und damit alles Leben entwichen ist. Sie fallen ab und die äußere Gestalt der Natur verfällt in die Todesstarre des Winters. Die Lebenskraft steckt jetzt in den Wurzeln. Für mich ist das ein sinnfälliges Beispiel für den drohenden Kältetod althergebrachter Institutionen und scheinbar unveränderlicher „systemrelevanter Säulen" von Staat und Gesellschaft.

Den großen „Volks"-Parteien ist in den letzten Tagen die Möglichkeit des Dahinscheidens sehr schmerzhaft vor Augen geführt worden. Den „Volks"-Kirchen jedoch droht der große Bedeutungsverlust ja schon viel länger.

Beide großen Kirchen bemühen sich krampfhaft attraktiv und als Institutionen erhalten zu bleiben. Alle Versuche mit Strukturmaßnahmen gegenzusteuern, mit Projekten und Aktionen, scheitern jedoch immer wieder, nicht zuletzt durch grobe Fehler, durch institutionelle Arroganz und durch erbärmliche Kommunikationsschwächen. Ein Skandal jagt den nächsten, - und trifft immer alle. Leider wird dann, wenn es beim einen schief geht, auch der andere in Mithaftung genommen: Wenn etwa ein Tebartz-van Elst jedes Maß bei der Ausgestaltung seines Limburger Bischofssitzes verliert, treten die Leute reihenweise aus der evangelischen Kirche aus.

Ähnlich ergeht es jetzt wohl der SPD. Wenn sich der CSU-Parteivorsitzende und seine Ministerkollegen in Berlin absurd und maßlos aufführen dürfen, kriegt es die SPD in Bayern ab, weil sich ihre Parteioberen in der Berliner GroKo an der Nase herumführen lassen. Man bekommt direkt Mitleid und denkt sich als alter Pfarrer: „Ja, das kenne ich irgendwie. Und dass nur noch ein paar Alte und Uralte dein Angebot wahrnehmen wollen, das kenne ich auch."

So gilt für die „Volks"-Kirchen und für die „Volks"-Parteien, für die SPD, aber genauso für die CSU, die jetzt am liebsten so tun möchte, als sei überhaupt nichts passiert, die schonungslose Frage: Was muss sterben bei uns und was drängt ins Leben?

Im Physikunterricht wurde uns mal in einem Versuch eine Implosion vorgeführt. Das war sehr eindrucksvoll, wie die Luft aus einem Glaskörper gepumpt wurde bis er dem Außendruck nicht mehr standhielt und in sich zusammenkrachte. Wenn etwas seinen Inhalt verliert, wird es instabil bis zur völligen Auflösung. Man kann das in Kirchenverlautbarungen beobachten, aber auch bei vielen floskelhaften Politikerreden. Bei den Kirchen kann man fragen, wem eigentlich dient dieser oft so pompöse und trotzdem öde und dabei leider inhaltslose Gottesdienst? Und bei den Politikern: Wem dient ihr eigentlich mit euren aberwitzigen Debatten um Scheinprobleme und Postenschiebereien? Spielt denn unser Volk und seine Fragen für euch tatsächlich eine Rolle? Irgendwann knallt es wie bei einer Implosion, die Splitter stürzen nach innen, verdichten sich in einem Punkt, die Richtung kehrt sich um und der Druck schlägt nach außen durch, ins Offene.

In der Mystik kannte man diesen Vorgang: In die Tiefe gehen, nach innen, in die Mitte, auch in die Leere. Das kann ungeahnte Kräfte entfalten, die wieder nach außen streben und etwas völlig Neues anstoßen.

Es ist allerhöchste Zeit, still zu werden und genau hinzuhören, wahrzunehmen was da tatsächlich im Volk, in den Gemeinden, den kirchlichen wie den staatlichen, knistert und rumort und auf Antworten wartet. Nicht gefragt ist jedenfalls, was „ge-macht" werden kann, sondern was die Akteure glaubwürdig „aus-macht".

Bei den Kirchen ist es das durchaus widerständige Evangelium von Jesus Christus und die Sicherstellung seiner Verkündigung und nichts sonst, keine gutgemeinten, in aller Regel von oben angestoßenen, teuren Projekte, und Aktionen. Und bei den Parteien ist es das, was sie in ihrem Namen stecken haben, was sie „ausmacht": das „Christsoziale", das „Sozialdemokratische", das „Freidemokratische", „das Grüne" usw. Wenn die Parteien sich an die Programme halten, die in ihren Namen stecken, dann kann wieder Vertrauen wachsen.

Back to the roots, zurück zu den eigenen Wurzeln und zu ihren starken Kräften, - und es wird neues Leben geben. Sonst bleibt es ewiger Winter und nichts wird mehr neu aufblühen, - da wie dort.

Hallowe'en

„Sie als Pfarrer sollten lieber mal was gegen diesen heidnischen, amerikanischen Unsinn schreiben, der immer schlimmer um sich greift!" Eigentlich dachte ich, das Thema Halloween wäre schon lange kein Aufreger mehr. Aber diese ältere Dame mit ihrer speziellen Angst vor Überfremdung weiß ganz genau, dass unser christliches Abendland wegen dieses gruseligen Mummenschanzes am 31. Oktober natürlich in höchster Gefahr ist. Leider verfängt bei ihr schon lange keine sachliche Information mehr, zu groß ist ihre Ablehnung. Vor ein paar Jahren hatte sie sich furchtbar verjagt, als die Studenten-WG in der Wohnung unter ihr eine Halloween-Party feierte, und da begegneten ihr grell geschminkte Gäste in den gruseligsten Kostümen im Treppenhaus. Ein Skelett war noch das harmloseste.

Ich krame im Kasten mit den Dias aus unserer Zeit in den USA. Die Good Shepherd Lutheran Church in Alexandria, Virginia war eine meiner Gemeinden im Lehrvikariat und an die Halloween-Party mit den Jugendlichen im Kirchenkeller habe ich mich immer gerne erinnert. Bier oder gar harte alkoholische Getränke gab es natürlich nicht, aber wir hatten trotzdem einen „Heiden"-Spaß miteinander. Die meisten kamen als Vampire verkleidet, aber ich hatte mich entschieden als Kürbis zu erscheinen, im orangenfarbenen Schlafanzug mit einer rosa Duschhaube. Es gab ein paar verrückte Spiele und Gruselgeschichten. Die Erwachsenen feierten in mehreren Gruppen in Privathäusern. Gleich zwei der Gemeindevorsteher musste ich abblitzen lassen, als sie mich um meinen schwarzen Talar als Halloweenkostüm baten. Hätte ja auch zu gut gepasst für ein Dracula-Outfit.

Halloween ist für die Amerikaner ein gerne übernommener Brauch der irischen Einwanderer, die am „All hal-lows eve", dem Vorabend von Allerheiligen, also am 31. Oktober, die bösen Geister des heranstürmenden Winters abschrecken und zurückweisen wollten, nicht zuletzt mit den unverzichtbaren Kürbislaternen des Bösewichts Jack Oldfield, der ja sogar den Teufel betrogen hatte. Die Kinder lassen sich freilich von solchen Kürbis- oder Rübengeistern nicht abschrecken. Sie klingeln an den Haustüren und fordern unverzagt ihr „trick or treat", „Gib was Süßes, sonst gibt's Saures!" Keineswegs geht es also um irgendwelche heidnischen Druidenrituale oder gar um Satanismus, und die ganze Veranstaltung hat mit Religion ungefähr so viel zu tun wie bei uns eine Kerwa, der Fasching oder die Walpurgisnacht. Bei uns wurde Halloween erst so richtig aktuell, als 1991 während des 2. Golfkriegs die Faschingssaison ausfiel und die Karnevalsbranche stattdessen den Halloweenkommerz vermehrt anschob.

Viel wichtiger und eindrücklicher blieb mir von diesem 31. Oktober 1976 jedoch ein anderes Ereignis im Gedächtnis, nämlich der sehr feierliche Gottesdienst am Vormittag mit einer alten, in großen Teilen deutschen Liturgie zum Reformationstag aus Anlass des 200-jährigen Bestehens der Vereinigten Staaten. Es war ja die Reformation, die den Menschen aus ihrer mittelalterlichen Geister- und Dämonenfurcht herausgeholfen hatte. Luthers Sätze von der Freiheit eines Christenmenschen habe ich damals auf Deutsch vorgetragen:

„Ein Christenmensch ist ein freier Herr über alle Dinge und niemandem untertan." und: „Ein Christenmensch ist ein dienstbarer Knecht aller Dinge und jedermann untertan."

Für Martin Luther gilt die Freiheit der Getauften. Sie haben das Privileg, auf Gottes Güte und seine Vergebung zu vertrauen. Sie können für sich und andere beten und mit einer Antwort rechnen. Sie können verletzten und schwierigen Menschen mit Liebe und Achtung begegnen, ohne sie mit Besserungsprogrammen zu überfordern. Sie haben das Privileg, auf unmäßige Ansprüche an sich selbst und andere zu verzichten.

Dies alles sind Früchte des Glaubens. Beugt euch vor Gott und sonst vor niemandem auf dieser Welt! Es sei denn für andere. Darum gilt: Kein Rückfall unter das harte Joch alter und neuer Gruselgestalten. Welche Freiheit!

Deshalb kann uns der Halloween-Klamauk auch nicht das Reformationsfest klauen. Aber für Leute, die noch nicht mal eine Kerwa haben, wie die Amerikaner, ist es ein gruselig-schöner Anlass zum Feiern.

Das Bild von mir als Kürbis hat die alte Dame beruhigt.

Novemberangebot

Der dunkle November trägt nicht umsonst die Bezeichnung „Totenmonat". Er beginnt mit Allerheiligen und Allerseelen, den beiden katholischen Totengedenktagen und endet mit dem evangelischen Ewigkeits-, bzw. Totensonntag. Für die Familien ist der gemeinsame Gang zum Friedhof an diesen Tagen ein guter Grund zusammenzukommen und gemeinsam der Toten zu gedenken. Die Gräber werden hergerichtet und geschmückt, auf vielen brennt ein Grablicht. Die Verstorbenen, von der Familie liebevoll bis zuletzt umsorgt, sind unvergessen, das Band der Liebe reicht und leuchtet über den Tod hinaus. So war es.

Inzwischen beobachte ich etwas anderes. Auch die Trauer- und Begräbniskultur unterliegt dem allgemeinen gesellschaftlichen und kulturellen Wandel. Die Art, seiner Trauer Ausdruck zu geben, hat sich stark verändert. Trauerfeiern nach dem gewohnten kirchlichen Ritual als Gottesdienst mit Gebet, Lesung, Lied und Predigt sind für viele Menschen nicht mehr selbstverständlich. Viele möchten lieber eine „Beerdigung light", so eine Art „Inszenierung", die den „Abschied leichter" machen soll, mit einer eher heiteren Grundstimmung und gerne mit der Einspielung von besonderen Musikstücken (immer wieder gewünscht: Frank Sinatra, I did it my way). Man bittet um die „Unterlassung von Beileidsbekundungen" und um den „Verzicht auf Trauerkleidung", denn „das wäre ganz im Sinne des Verstorbenen."

Ist Trauern etwa peinlich geworden? Grabstätten sind ja inzwischen eher lästig, da mit Pflegeaufwand verbunden, der Zeit und Geld kostet. Deshalb lieber eine Beisetzung in der Urnenwand oder im „Friedwald" oder gleich anonym „auf der grünen Wiese". Mich weht da eine erschreckende Kälte an, die die Trauer um einen geliebten Menschen eher betäuben als zulassen will. Oder hat dieser Wandel vielleicht etwas zu tun mit unserer immer größer werdenden Hilf- und Sprachlosigkeit bei den großen Themen unseres Lebens?

Tod und Sterben und alles, was damit zusammenhängt, war früher eingebunden in enge familiäre Strukturen, wo mehrere Generationen ihr Leben gemeinsam gestalteten und führten. Das Lebensende war genauso wie die Geburt umfangen von der Fürsorge der ganzen Familie. Sterben gehörte zum Leben dazu. Das ist jedoch heute die Ausnahme. Heute heißt es eher: „Sei nett zu euren Kindern, denn die suchen einmal das Pflegeheim für euch aus!" Sofern sie noch eins finden.

Wer in unsere Seniorenheime kommt, der erschrickt angesichts der Tatsache, dass es für die Mutter, für den Vater die Endstation sein wird. Man erlebt häufig überforderte und gehetzte Pflegekräfte, einen ständigen Wechsel im Personal und mag sich für sich selber kaum vorstellen eines Tages genauso abhängig zu sein, sich von fremder Hand waschen und füttern lassen zu müssen. Manchmal riecht es unangenehm, und dann wird auch noch ein Bett aus dem Nebenzimmer geschoben, unter dessen Laken sich der tote Körper der Zimmernachbarin abzeichnet… Deshalb lieber nur ab und zu mal hingehen, wenn es denn unbedingt sein muss?

Aber wenn schon das Lebensende unserer engsten Angehörigen aus dem Leben, aus dem Alltag gedrängt wird, dann wird der Tod zum großen Tabu, dann wird alles, was mit ihm zu tun hat, lieber verdrängt, verharmlost, verschwiegen, übertönt, aus den Augen verbannt. Dabei wird doch auch unser eigener Lebensweg täglich kürzer.

„Heute ist der erste Tag vom Rest deines Lebens" mahnt uns der November und lädt uns ein auf den Friedhof, wo wir den 90. Psalm beten sollten: „Herr, lehre uns bedenken, dass wir sterben müssen, auf das wir klug werden."

An der Leichenhalle des Friedhofs in Glashütten steht dazu der Spruch: *„Was ihr seid, das waren wir. Was wir sind, das werdet ihr."*

Da wird nichts beschönigt und verdrängt, denn so ist es, der Tod ist ein Teil unseres Lebens.

Wer sich dem Tod und auch der Trauer stellt, der lebt den (kurzen?) Rest seines Lebens klüger, weil er sich umschaut, mit welcher Hoffnung er leben kann. Die wird er mitbringen, ins Pflegeheim, zu den Sterbenden.

Unser Christenglaube hätte da ein Angebot…

Gottes Reich und der 9. November

„Wann kommt das Reich Gottes?" Das ist das Thema des heutigen Sonntags und die Frage im heutigen Evangelium (Lukas 17,20-24).

Reich Gottes? Darunter kann man sich viel vorstellen: Ein Wolkenkuckucksheim in unerreichbarer Zukunft mit Friede, Freude, Eierkuchen. Das sei es, was die Kirche ihren Gläubigen einreden möchte. So der Vorwurf der atheistischen Wortführer bis heute.

Reich Gottes: Eine Welt, in der es keine Ungerechtigkeit, keinen Missbrauch des Menschen, keine Gewalt mehr gibt - sondern nur Liebe, Fürsorge, Frieden und verlässliche Gemeinschaft unter den Menschen. So die idealisierte Vorstellung von Christen von einer zum Besseren veränderten Welt.

Jesus antwortet auf die Frage der Pharisäer: *„Das Reich Gottes ist doch schon da, mitten unter euch!"* Das klingt nicht auf Anhieb einleuchtend. Wo soll es denn sein, das Gottesreich in unserer Mitte? Sehen wir nicht das krasse Gegenteil?

Ist nicht trotz der Botschaft Jesu vom Kommen des Gottesreiches immer noch der Krieg, die Krankheit und der Tod die alltägliche Wirklichkeit des Lebens? Von wegen „Reich Gottes!" Machtwahn und Diktatur, Gottes- und Menschenverachtung, Rassismus und Gier haben schon ganz andere Reiche entstehen lassen. Es hat mal eines gegeben, das sollte 1000 Jahre bestehen. Es waren die 12 schlimmsten in der Geschichte unseres Volkes.

Reich Gottes? Heute? Die Rede Jesu vom anbrechenden Gottesreich hat es heute nicht leicht in den globalen Zusammenhängen von Unrechts- und Gewaltstrukturen und Untergangsszenarien - aber genau hier hat sie ihren Ort, hier gehört sie hin! Jesus redet nicht vor satten, anständigen Wohlstandsbürgern, die große Angst haben vor dem Verlust ihrer Besitzstände. Er redet vor Menschen, die sich nichts sehnlicher wünschen als das Ende von Armut, Unterdrückung und Gottlosigkeit, von Unfreiheit und kulturellem und religiösen Niedergang.

Was wünschen wir uns eigentlich? Sind unsere Wünsche deckungsgleich mit der Frage nach dem Kommen des Reiches Gottes? Jesu Rede ist heute so aktuell wie eh und je. „Siehe, das Reich Gottes ist mitten unter euch. Nicht hier oder dort, wo irgendwelche Scharlatane euch hinlocken möchten, euch glauben machen möchten, sie allein hätten den Zugang in den Himmel entdeckt; vor denen hütet euch! Sondern das Reich Gottes ist schon da! Mitten unter euch!" Wie soll man das verstehen? In unserer Gesellschaft? In uns selbst?

Eigentlich geht es darum, die Welt anders zu sehen. Nicht durch eine fromme, rosarote Brille, wo mir überall das liebe Jesulein begegnet, nein so nicht. Sondern man kann den „Anbruch des Gottesreiches" als Prozess in unserem Leben verstehen, der ausnahmslos in jeden Lebensbereich hineinreicht, ein Prozess hin zum besseren Leben für jeden, hin zum Wachsen von Gerechtigkeit und Liebe, von Vernunft und Verantwortungsbewusstsein.

Ein Perspektivwechsel ist angesagt; nicht mehr das Hinstarren auf die täglichen Schrecken zur Nachrichtenzeit; nicht mehr die übliche Katastrophenhypnose. Sondern einmal sehen, wie sich selbst die schlimmsten Dinge in ihrer Tendenz ändern – und an ihrer Veränderung mitarbeiten!

Die Welt als Reich Gottes im Prozess oder im Werden zu verstehen, das ist wirklich eine neue Sicht, die Jesus uns schenkt. Sie befreit von lähmender Resignation nach dem Motto »Ich kann ja doch nichts ändern.« Wir sind mitten drin im Reich-Gottes-Prozess, wir müssen nur den Blick dafür schulen, eine neue Haltung gewinnen. Und wenn wir diesen Prozess mit der Person Jesu selbst verknüpfen, dann können wir doch sehen, wie sich Gottes Reich entwickelt, wie aus schlimmstem Leid und Unrecht schließlich größte Liebe wird, wie der Karfreitag zum Ostersonntag mutiert.

Ach, Unglaubliches ereignet sich im Reich Gottes!

Auch an diesem Datum, dem 9. November, der gerade hinter uns liegt. Es gibt eben nicht nur einen 9.11.1938 (Reichspogromnacht), es gibt auch den 9.11.1989 (Fall der Mauer), oder den 9.11.1918 (Ende des alten Kaiserreiches und Beginn der ersehnten Republik). Manches wird eben doch manchmal besser oder, kurz zusammengefasst:

Das Reich Gottes ist keineswegs am Ende, aber am Ende ist das Reich Gottes. Das kommt! Sagt Jesus.

Volkstrauertag 2018

Der Volkstrauertag fällt in diesem Jahr zusammen mit wichtigen Gedenktagen: Vierhundert Jahre sind vergangen, seitdem die Gräuel des 30-jährigen Krieges ihren Anfang nahmen, hundert Jahre, seitdem das unsägliche Schlachten an den Fronten des ersten Weltkriegs endlich ein Ende gefunden hat, achtzig Jahre seit der Reichspogromnacht. Mit den Nachwirkungen des zweiten Weltkriegs haben wir immer noch zu kämpfen und der dritte schaut immer wieder bedrohlich über den Horizont. Warum kann die Menschheit nichts aus dem Kriegsschrecken lernen? Warum fällt Frieden so schwer?

Am 4. April 1968, also vor fünfzig Jahren, wurde Martin Luther King mit einem gezielten Kopfschuss ermordet. Er war es, der nie aufgehört hat vom Frieden zu träumen. In seiner Weihnachtspredigt von 1967 in Atlanta sagte er:

„Ich träume auch heute noch davon, dass eines Tages das Recht offenbar werden wird wie Wasser, und die Gerechtigkeit wie ein starker Strom ... Ich träume auch heute noch davon, dass eines Tages der Krieg ein Ende nehmen wird, dass die Männer ihre Schwerter zu Pflugscharen und ihre Spieße zu Sicheln machen, dass kein Volk wider das andere ein Schwert aufheben und nicht mehr kriegen lernen wird ... Ich träume noch immer davon, dass wir mit diesem Glauben imstande sein werden, den Rat der Hoffnungslosigkeit zu vertagen und neues Licht in die Dunkelkammern des Pessimismus zu bringen. Mit diesem Glauben wird es uns gelingen, den Tag schneller herbeizuführen, an dem Frieden auf Erden ist.“

Martin Luther King war nicht nur für mich ein ungeheuer beeindruckender und prägender Prophet unserer Zeit und er steckt mich immer wieder aufs Neue mit seinem Traum dazu an, an die Alternativlosigkeit des Friedens zu glauben.

Wie Frieden geht? Mit Gerechtigkeit fängt er an, und zwar hier und jetzt, in unseren Herzen und nirgends sonst!

Der Friede darf kein fernes Ziel bleiben, kein Ideal, das vielleicht einmal in ferner Zukunft in einer perfekten Welt Wirklichkeit werden könnte, kein im Grunde unerreichbarer Zweck, sondern er muss das Mittel zum Zweck werden!

So King in der schon zitierten Weihnachtspredigt. „Wir müssen friedliche Zwecke mit friedlichen Mitteln verfolgen!" Ganz ähnlich wie seinerzeit schon Mahatma Gandhi, der gesagt hat: „Es gibt keinen Weg zum Frieden, denn Frieden ist der Weg." Diese Botschaft ist jedoch für die, die an die Macht der Gewalt glauben, eine ungeheure Provokation. Deshalb nageln sie den, der von sich sagt *„Meinen Frieden gebe ich euch"* (Joh 14, 27), ans Kreuz oder schießen einem M.L. King in den Kopf.

Ist wer vom Frieden träumt naiv? Auf einem Gedenkstein am Ort der Ermordung in Memphis steht das Zitat aus der Josephsgeschichte im Buch der Genesis: *„Dort kommt ja dieser Träumer. Jetzt aber auf, erschlagen wir ihn … Dann werden wir ja sehen, was aus seinen Träumen wird."* (1. Mose 37, 19f).

Wenn wir aufhören vom Frieden zu träumen, dann geben wir dem Krieg und der Gewalt wieder alle Macht, dann glauben wir an den Tod und nicht an das Leben. Hören wir also nicht auf, auf den *„neuen Himmel und die neue Erde zu warten, in denen Gerechtigkeit wohnt"* (2. Petrus 3,13), auf das Reich, *„wo Frieden und Gerechtigkeit sich küssen"* (Psalm 85,11).

Aber verkürzen wir uns doch die Wartezeit, indem wir Frieden und Gerechtigkeit tun, und zwar überall da, wo wir sind, in der Familie, am Arbeitsplatz, in der Schule, in der Gesellschaft. Dann werden wir tatsächlich Licht in die Dunkelkammern des Pessimismus bringen und es wird uns gelingen, den Tag schneller herbeizuführen, an dem Frieden ist.

Wenn nicht heute, an diesem Tag des Gedenkens der Opfer von Krieg und Gewalt, wann sonst wollen wir damit beginnen? Oder wollen wir etwa nicht sehen, was aus unseren Träumen wird?

Totensonntag - Das Beste zum Schluss

An Allerheiligen besuchte ich mit meinen katholischen Verwandten das Grab meiner Großmutter. Etwas ganz Unscheinbares fiel mir da auf und machte mich nachdenklich, eine Kleinigkeit: Der Strich zwischen Geburts- und Sterbejahr. Vier Zahlen davor, vier danach. Dazwischen nur dieser kleine Strich. Dabei ist dieser Strich doch das Entscheidende, denn er bezeichnet ja all das, was zwischen ihrer Geburt und ihrem Tod passiert ist. Und das war wirklich viel. Ein ganzes, langes Leben, symbolisiert durch einen kleinen Strich…

Was machen wir mit unserer begrenzten Lebenszeit? Wofür steht der Strich einmal auf meinem Grabstein? Seltsam, dass wir uns erst dann tiefe Gedanken über das Leben machen, wenn wir mit dem Tod konfrontiert sind, wenn wir ihm einfach nicht mehr ausweichen können.

Einer meiner Lieblingsfilme ist „Das Beste kommt zum Schluss" mit Jack Nicholson und Morgan Freeman. Zwei totkranke Männer, Edward Cole und Carter Chambers überlegen sich, was sie mit den letzten Monaten ihres Lebens anfangen können. Im Krankenhaus fällt Carter ein, eine sogenannte „Löffel-Liste" anzulegen, wie es ihm sein Professor einst geraten hatte: Er soll aufschreiben, was er noch alles tun und erfahren möchte, bevor er „den Löffel abgibt". Und eine solche Liste stellen die beiden nun zusammen: Einmal Lachen, bis einem die Tränen kommen, das hübscheste Mädchen der Welt küssen oder auf Großwildjagd gehen. Auf der Liste steht aber auch: Versöhnung mit Menschen, mit denen man sich zerstritten hat, und etwas Majestätisches erfahren. Und so machen sie sich auf den Weg die Liste abzuarbeiten, z.B. einmal noch mit dem Fallschirm springen, das

Tadj-Mahal besuchen und den Mount Everest besteigen, den sie dann allerdings nicht schaffen, und andere tolle Sachen mehr; am Ende sogar die Versöhnung mit der Tochter. Geld spielt keine Rolle, denn Edward ist mehrfacher Milliardär. Als sie beim Sonnuntergang auf der Cheopspyramide sitzen, stellt sich auch die Frage, warum etwas auf die Löffel-Liste kommt. Carter erzählt: Die alten Ägypter hatten eine sehr schöne Vorstellung vom Tod. Wenn ihre Seelen an die Himmelspforte kamen, stellten ihnen die Götter zwei Fragen. Die Antworten entschieden, ob sie eingelassen wurden oder nicht. Die eine Frage lautet: „Ist es dir gelungen, Freude im Leben zu finden?" Und die zweite: „Hat dein Leben anderen Freude gebracht?"

Das sind gute Fragen für ein gutes Leben, die entscheidenden Fragen für das Lebensglück. Dabei ist die Herkunft: Unwichtig! Das Bankkonto: Unwichtig! Beruflicher Erfolg: Unwichtig! Konfession: Unwichtig! Wichtig ist: „Ist es dir gelungen, Freude im Leben zu finden?" Und: „Hat dein Leben anderen Freude gebracht?" Das sind auch gute Fragen für meine persönliche „Löffel-Liste". Was ist wirklich wichtig? Was gibt meinem Leben letztlich Sinn und Freude? Wofür soll einmal der Strich zwischen den Jahreszahlen auf meinem Grabstein stehen?

Der ungläubige, amoralische, weiße Klinikbesitzer und Milliardär Cole und der hochgebildete, schwarze Automechaniker Chambers, sie tun etwas zutiefst Christliches, sie resignieren nicht einfach, sondern sie schenken *Glaube, Hoffnung und Liebe* (1. Korinther 13). Sie finden Freude und sie schenken Freude. Sie leben im Angesicht des Todes so, dass jede Minute, die ihnen bleibt, auch mit Leben gefüllt ist und damit mit Sinn und mit Glück. Das wünsche ich uns jetzt schon, - damit das Beste nicht erst am Schluss kommt.

Weihnachten 2018 - Unser Kind

„Conrad, ich kann nicht mehr!" Die Schweißtropfen standen ihr im blassen Gesicht, die rechte Hand zerknüllte das Laken aus feinem Leinen, mit der Linken winkte sie matt ihren bedrückten Mann von der Tür zu sich herein in das überheizte Zimmer. Die Wehmutter schob sich an ihm vorbei und trug das tote Kindlein in ein blutiges Tuch gehüllt aus dem Haus. Conrad holte tief Luft. „Barbara, du lebst doch noch! Verlass mich nicht um Christi willen! Ich liebe dich!" Das so heiß ersehnte Kind war verloren. Und es würde wohl kein nächstes geben…

Barbara war kurz vor der Vollendung des neuen Hauses am Marktplatz doch noch schwanger geworden. Ein neues Haus und dazu einen Erben! Welches Glück! Das alte Haus war nach ihrem ersten Ehejahr vor vier Jahren abgebrannt. Wirtschaftlich ging es so gut vorwärts. Durch Conrads Geschäfte bis hinunter nach Italien stellten sich Wohlstand und Ansehen ein, - aber der Erbe blieb leider immer aus. Bis eines Abends, Conrad war eben in das Bürgermeisteramt gewählt worden, ihm Barbara mit blitzenden Augen verriet, sie sei guter Hoffnung. Wie stolz er war und wie erwartungsvoll und Barbara schwelgte im Glück - aber auch in Sorge: Kinderkriegen, das ging oft genug tödlich aus und sie war ja auch schon ziemlich alt, 36 Jahre!

Wieder gingen vier Jahre ins Land, bis sich Barbara endlich wieder erholt hatte. Sie wusste, wie knapp sie dem Tode entronnen war und wie schnell das Leben vorbei sein konnte. Voller Wehmut sah sie die Kinder der anderen, aber sehr nüchtern sah sie auch ihr eigenes, unausweichliches Sterben. Und das nicht irgendwann, dereinst!

Was, wenn etwa plötzlich wieder die Pest ausbräche, so wie damals, als ihre Schwiegermutter noch vor ihrer Hochzeit zusammen mit tausend anderen Stadtbürgern der Seuche zum Opfer gefallen war?

Als Conrad eines Tages müde von der Ratssitzung kam, es ging wieder einmal um den Aufbau der abgebrannten Kirche, sprach sie ihn darauf an: „Conrad, die einzige Hoffnung für das Leben sind Kinder. Wir werden keine mehr haben. Unsere einzige Hoffnung ist das Kind, das die Menschen zum ewigen Leben führt. Wollen wir dieses Kind zu unserem Erben setzen?"

Conrad dachte nach. Aus der Kirchenruine war wie durch ein Wunder ein Teil eines Altarreliefs gerettet worden, eine vergoldete Schnitzerei mit der Darstellung von Maria und Joseph und dem neugeborenen Jesuskind, wie es gerade von den drei Königen verehrt wird. Der Schutt des Seitenschiffs war darauf gestürzt und hatte so die Kostbarkeit vor den Flammen bewahrt. Daraus etwas machen?

Barbara hatte recht. Ohne eigene Kinder würden sie beide bald vergessen sein. Nur dieses Kind auf dem Relief, das ja die Hoffnung der ganzen Menschheit auf sich trug, das würde sie niemals vergessen. Ihm wollten sie ein Denkmal setzen, aber eines, das auch ein Grabdenkmal für sie selber sein sollte. Vor diesem Kind, vor dem sich die mächtigen Herrscher beugten, würde sich auch der mächtigste aller Herrscher, der Tod beugen. Es sollte auch ihr Kind sein.

Oben auf dem Denkmal sollten zwei Engel die Vergänglichkeit des Lebens bezeugen, mit einer ablaufenden Sanduhr der eine, mit einer sich selbst verzehrenden Kerze der andere, aber um die kostbare Schnitzerei herum sollten die gemalten Szenen der Weihnachtsgeschichte und das Konterfei der beiden kinderlosen Stifter, des Ehepaares Conrad und

Barbara Küffner sein; Barbara unmittelbar unter dem Neugeborenen. Obwohl Conrad Küffner ihn immer wieder antrieb wurde Hofmaler Heinrich Bolland erst 1615, ein Jahr nach der Wiedereinweihung der Bayreuther Stadtkirche, damit fertig.

Die Engel sind in den Jahrhunderten danach leider verlorengegangen, aber durch das Kind wurde und wird die Hoffnung auf das Leben immer wieder aufs Neue angefacht. Häufig sieht man bis heute versonnene Paare vor dem Küffnerschen Sterbe-, oder besser Lebenshoffnungsaltar stehen.

Was die sich wohl aus ganzem Herzen wünschen?

Bibelstellenverzeichnis

Inhalt